DE LA
SÉPARATION DE BIENS JUDICIAIRE

DE LA
RESTITUTION DE LA DOT
DURANT LE MARIAGE
EN DROIT ROMAIN

PAR

EUGÈNE CORTYL
AVOCAT A LA COUR IMPÉRIALE

PARIS

ANCIENNE MAISON GUSTAVE RETAUX,
PICHON-LAMY ET DEWEZ, LIBRAIRES-ÉDITEURS
15, rue Cujas, 15.

1869

DE LA

SÉPARATION DE BIENS JUDICIAIRE

DE LA

RESTITUTION DE LA DOT

DURANT LE MARIAGE

EN DROIT ROMAIN

THÈSE POUR LE DOCTORAT

SOUTENUE

Le Mercredi 11 août 1869, à 10 heures

PAR

EUGÈNE CORTYL

AVOCAT A LA COUR IMPÉRIALE

Président : M. PELLAT.

SUFFRAGANTS :
- MM. COLMET DAAGE,
- DUVERGER,
- BATBIE,

PROFESSEURS.

- GLASSON.

AGRÉGÉ.

PARIS

ANCIENNE MAISON GUSTAVE RETAUX,

PICHON-LAMY ET DEWEZ, LIBRAIRES-ÉDITEURS

15, rue Cujas, 15.

1869

A MON PÈRE,

A MA MÈRE.

INTRODUCTION

La séparation de biens est d'origine romaine, elle consistait à Rome dans la restitution de la dot exigée par la femme, lorsque le mauvais état des affaires du mari faisait craindre pour sa conservation.

Les règles qui régissaient à Rome l'association conjugale, se développèrent lentement et suivirent pas à pas les révolutions profondes qui se firent dans les mœurs et la constitution civile de la famille romaine.

Dans les premiers siècles de la république, la famille était considérée comme une unité religieuse et comme une unité civile, ayant ses rites et ses sacrifices particuliers, son tribunal souverain dont les sentences furent si souvent sanglantes ; aussi n'y avait-il qu'une volonté, qu'un patrimoine, qu'une personne civile, celle du *pater familias*. La femme en se mariant tombait sous la *manus* de son mari, tous ses biens entraient dans le patrimoine du *pater-familias*, sans qu'il fût tenu à aucune restitution. C'est en ce sens que Cicéron disait dans ses *Topiques: Omnia quæ mulieris fuerunt, viri fiunt, dotis nomine.*

En compensation toutefois, la femme considérée par le droit civil comme la sœur de ses enfants partageait avec eux, *loco filiæ*, la succession de son mari. Les mariages par *confarreatio* ou *coemptio* donnaient immédiatement naissance à la *conventio in manum*. La *manus* s'acquérait même par prescription, un an de cohabitation non interrompue faisait tomber la femme *in manum mariti*. Cette acquisition de la *manus* par l'usage, prouve bien, comme le remarque judicieusement le jurisconsulte allemand Mazerol, que les Romains considéraient alors « la *conventio in manum*, quoiqu'elle ne fût pas de « l'essence du mariage, comme *le rapport qui conve-* « *nait le mieux* et que recommandait l'intérêt com- « mun bien entendu des époux. »

Plus tard, lorsque le droit civil se rapprocha davantage de la nature et de la justice, la *manus* tomba en désuétude ; la femme conserva son patrimoine, n'en remettant qu'une portion à son mari pour faire face aux charges matrimoniales. Après les guerres puniques, alors que Rome victorieuse de son implacable rivale voyait son empire à jamais assuré, les vertus romaines uniquement basées sur le patriotisme chancelèrent ; l'indissolubilité du mariage que les lois n'avaient pas affirmée, mais que les anciens Romains avaient constamment regardée comme le plus ferme fondement de la famille, fut remplacée par la liberté du divorce sans restriction, sans condition, sans jugement. L'exemple du divorce donné, si nous en croyons *Servius Sulpicius*, par *Carvilius Ruga*, devint contagieux. On dut prendre des mesures pour ne pas laisser au mari qui répudiait sa femme, la dot que celle-ci lui avait apportée. L'usage s'introduisit pour la femme de stipuler la restitution de la dot en cas de divorce. *Aulu-Gelle*, dans ses *Nuits Attiques*, assigne cette origine à la stipulation de restitution ; *tunc primum cautiones rei uxoriæ necessarias esse visas, quum Spurius Carvilius Ruga, vir nobilis, divortium cum uxore fecit.*

La jurisprudence vint au secours de la femme, en lui donnant l'action *rei uxoriæ*, au cas où par déférence pour son mari, elle n'aurait pas stipulé de lui au moment de la constitution de la dot qu'elle lui serait rendue lors du divorce. Elle donna même cette action à la femme lorsque le mariage prenait fin par la mort du mari.

Bientôt l'abaissement des mœurs fit faire un pas de plus à la jurisprudence dans la faveur toute particulière dont elle entourait la dot. A la fin de la république les guerres extérieures, les guerres civiles,

les proscriptions avaient tellement diminué le nombre des citoyens, que César et Auguste en tirèrent les plus tristes pronostics pour l'existence de l'empire romain, menacé au dehors par tant de peuples mal soumis, au dedans par la multitude innombrable d'esclaves que le luxe effréné de ce temps entassait à Rome. Les naissances étaient loin de remplir les vides qui s'étaient faits sur les tablettes des censeurs ; car le romain de cette époque regardait le mariage comme un joug trop lourd pour sa mollesse, trop gênant pour sa volupté. « Le célibat était « en honneur, dit M. Troplong, la corruption des « mœurs, la soumission des femmes esclaves, l'égoïs- « me produit par les malheurs publics, avaient « dégoûté les Romains du mariage (1).

« Le mariage, du reste, n'était plus qu'une « affaire souvent de médiocre importance, un mar- « ché temporaire, qu'on gardait quand il était bon, « qu'on résiliait pour un meilleur » (2). Les divorces se multiplièrent à un point qui nous semble incroyable. Ces unions de quelques jours, répétées dix, quinze, vingt fois dans la vie, dont nous parlent tous les auteurs, pouvaient-elles s'appeler des mariages et ne méritaient-elles pas plutôt le nom d'adultères ? *Quæ toties nubit,*

---

1. De l'influence du christianisme sur le droit civil des Romains

2. Les Césars, M. de Champagny.

non nubit, adultera lege est, disait Martial.

A cette décadence de la famille antique, Auguste opposa les dispositions draconiennes des lois *Julia* et *Papia Poppæa.* La loi *Julia, de adulteriis,* punit l'adultère d'exil et de confiscation. Elle défend l'aliénation du fonds dotal sans le consentement de la femme et, suivant la plupart des interprètes, son hypothèque même avec son adhésion. La dissolution du mariage par divorce étant toujours imminente, la loi devait pour faciliter à la femme une nouvelle union, garantir, par tous les moyens possibles, la conservation de sa dot ; aussi le principe de la conservation de la dot était-il pour les Romains un principe d'ordre public, la loi *Julia* disait : « *Interest rei publicæ dotes mulierum salvas esse propter quas nubere possint.* »

La *Papia Poppæa* regardait le mariage comme une charge publique, comme un impôt que l'on devait à l'état. Quiconque, à 25 ans, ne sera pas marié, quiconque, veuf ou divorcé, ne sera pas remarié, quiconque est marié, mais n'a pas d'enfant, est considéré comme célibataire ou *orbus,* et à ces titres perd la capacité entière de recevoir les hérédités ou les legs qui peuvent lui échoir. Au père de famille, au contraire, on accorde outre sa part dans le legs, celle de ses cohéritiers célibataires. Ces mêmes lois édictèrent l'obligation pour le père de doter sa fille, et la prohibition pour le mari de rendre à la femme sa dot durant le mariage.

Ce n'était pas assez, il arrivait souvent qu'au moment de la dissolution du mariage le mari avait dissipé la dot ; la femme se trouvait alors armée d'un droit illusoire, et les garanties dont elle était entourée devenaient inutiles. La jurisprudence autorisa la femme à réclamer la restitution de sa dot durant le mariage quand l'insolvabilité du mari la mettait en péril.

CHAPITRE PREMIER.

Le droit romain contient sur la restitution de la dot deux règles distinctes par les motifs qui les ont inspirées et par les exceptions qui y furent apportées. Elles peuvent être ainsi formulées : 1° la restitution de la dot ne peut être exigée durant le mariage ; 2° elle ne peut être volontairement opérée par le mari, *constante matrimonio*.

La restitution de la dot ne peut être exigée durant le mariage.

Cette règle est basée sur la *nature* et le *but* de la dot. La nature de la dot est d'être donnée pour toute la durée du mariage, son but est d'alléger pour le mari les charges matrimoniales. Aussi ce principe ne souffre-t-il d'exception que dans deux cas, où le législateur ne voit d'autre moyen de conserver la dot que de la faire sortir du patrimoine du mari.

La déportation qui remplaça l'interdiction de

l'eau et du feu, ne dissolvait pas le mariage, à moins
que la femme n'en manifestât le désir ; *matrimonium
quidem deportatione non solvitur, si casus in quem
maritus incidit non mutet uxoris affectionem* (*l.* 1,
code *De repudiis*). Néanmoins la femme pouvait, tout
en n'attaquant pas le mariage, poursuivre la restitution de sa dot contre le fisc auquel tous les biens
de son mari étaient dévolus (loi 31 pr. *Soluto matrimonio*).

A côté de cette première exception qui n'eut
aucune influence sur les législations postérieures,
nous en trouvons une autre qui fut le germe de
notre séparation de biens judiciaire.

Lorsque le mari devient insolvable, l'existence
de la dot est mise en péril ; pour la conserver à la
femme, on accordait à celle-ci le droit de demander la restitution. D'abord il fallut que l'insolvabilité du mari fût actuelle, qu'il fût évident qu'il n'é-
tait plus en mesure de restituer la dot si le mariage
venait à se dissoudre en ce moment. Ulpien se prononce formellement en ce sens dans la loi 24 (*Soluto matrimonio*) : *constat exinde dotis exactionem
competere ex quo evidentissime apparuerit mariti fa-
cultates ad dotis exactionem non sufficere.*

Mais plus tard, sans qu'aucun texte permette
d'assigner une date précise à ce progrès de la jurisprudence, la femme put agir en restitution de sa
dot dès qu'elle avait des craintes sérieuses pour sa

conservation ; dès que la mauvaise administration de son mari faisait entrevoir sa prochaine insolvabilité. La restitution peut être exigée dès que le mari *vergebat ad inopiam*, comme le disaient les glossateurs ; ou *viro incohante male substantia uti*, comme le dit Justinien dans sa novelle 97 , chap. VI.

Si la femme attend jusqu'après la *venditio bonorum* pour demander sa dot, elle la trouvera chez l'acheteur, car étant la propriété du mari, elle a dû être comprise dans la vente faite en masse de ses biens. La femme aura une action personnelle pour demander au *bonorum emptor* la restitution de sa dot. A cette action sera attaché un *privilegium inter personales actiones* qui fera passer la femme avant presque tous les créanciers chirographaires. Les textes ne nous fournissent que deux exemples de créances préférées à celle de la femme : la créance des frais funéraires et celle du fisc, avant qu'il n'eût une hypothèque légale. (Loi 46, p. 3, *De jure fisci.*) Lorsque la femme aura touché ce à quoi elle peut prétendre, le plus souvent un dividende, l'inaliénabilité du fonds dotal qui a passé à l'*emptor bonorum* sera purgée ; car la règle de l'inaliénabilité n'a d'autre but que d'assurer à la femme le paiement de l'*obligatio dotalis*, et, vis-à-vis de l'acheteur, le paiement du dividende a éteint cette obligation.

La femme peut exiger la restitution de toute dot

qui lui eût été rendue en cas de divorce ; ce qui exclut la dot réceptice dont le constituant aurait stipulé le retour lors de toute dissolution du mariage. Le constituant ne peut pas non plus réclamer la dot, *constante matrimonio*, car la condition qu'il a mise à l'exercice de son droit n'est pas accomplie.

LA DOT NE PEUT ÊTRE VOLONTAIREMENT RENDUE
PAR LE MARI DURANT LE MARIAGE.

Cette règle, comme ses principales exceptions, a été établie par les lois *Julia* et *Papia Poppæa*. Auguste ne crut pas avoir suffisamment assuré la conservation de la dot, en prohibant l'aliénation du fonds dotal ; il défendit, en outre, la restitution de la dot durant le mariage, de peur qu'elle ne fût dissipée et que le ménage se trouvât sans ressources.

Tel est, ce nous semble, le motif de cette règle ; nous ne croyons pas qu'il faille en chercher le principe dans la prohibition des donations entre époux. S'il y a quelque rapport entre ces deux règles, il n'en est pas moins vrai de dire qu'elles ont chacune leurs motifs et leurs effets spéciaux, comme l'a si bien exposé le romaniste allemand Franke (1).

La prohibition des donations entre époux fut

____

1. Archiv für die civilistische Praxis, 1834-35.

établie pour empêcher que l'un des conjoints, après avoir arraché à l'autre des libéralités considérables, ne lui signifiât le divorce. Cette règle tendait à sauver le patrimoine de l'un des conjoints de la cupidité de l'autre ; aussi exceptait-on de la défense les donations dans lesquelles il n'y avait pas appauvrissement d'un époux et enrichissement de son conjoint. Il n'avait pas paru aux jurisconsultes romains que la donation du revenu donnât lieu à un appauvrissement suffisant pour motiver la nullité. C'est ce qu'attestent les textes suivants, loi 31, loi 15, p. 1, et loi 17, *De donationibus inter virum et uxorem.*

De cette exception même, nous tirons la preuve que nos deux règles avaient des bases différentes ; car le mari, qui avait indûment restitué la dot, pouvait, les textes sont formels sur ce point, redemander à la femme, outre le capital, les fruits qu'elle avait perçus (loi 8, *De donat. int.*, et l. 20 au Code, *De jure dotium*). La prohibition des donations tend à conserver à chacun des époux la substance de son patrimoine, le capital, et non les revenus qui sont destinés à être dépensés. La défense de restituer la dot s'étend à ses fruits, car ils ont une destination spéciale, celle d'alléger pour le mari les charges matrimoniales, et cette destination ne peut pas plus être changée durant le mariage que celle de la dot elle-même. S'il fallait rattacher la défense de restituer la dot à la prohibition de donner entre époux, comme le veulent MM. Glück (1) et Hasse (2), il faudrait dire que la nullité de la restitution étant écrite en faveur de l'époux qui a fait le sacrifice, le mari donateur peut seul l'invoquer. Il serait donc libéré par son indue restitution et ne pourrait être actionné de nouveau *de dote*. Or, la loi 1, par. 5, *De dote prælegata*, suppose à la femme qui a indûment reçu sa dot une action ; le mari n'est donc pas libéré, et la dot peut lui être demandée de nouveau (loi 27, par. 1, *De religiosis*).

Nous voyons par ces textes formels que les motifs comme les effets des deux règles sont différents.

Étudions maintenant les exceptions que comporte notre règle sur la restitution de la dot ; elles sont écrites dans les lois 3, par. 1, *De jure dotium*, et 20, *Soluto matrimonio*.

Lorsque la femme se trouve dans l'une des situations exceptionnelles qui font fléchir cette règle, elle ne peut exiger la restitution de sa dot, mais la remise qui lui en est faite par le mari est valable. Si la restitution est faite, le mari ne pourra s'en plaindre et la femme ne pourra la lui reprocher.

Le mari peut restituer la dot à sa femme durant le mariage :

1. *Ausfuhrliche Erlauterung der Pandecten nach Hellefeld,* 1826, p. 311.
2. *Versug einer genaueren Auslung der L.* 73.

1° *Ut se suosque alat*, pour qu'elle pourvoie à ses besoins et à ceux de ses esclaves (*suos*). Le législateur doit toujours se montrer favorable à la réunion sur la même tête de la dot et des charges qu'elle est destinée à supporter;

2° *Ut æs alienum solvat*, pour payer les dettes de la femme. Pour que la restitution soit valable, je crois qu'il suffit que la femme ait réellement des dettes et que la portion restituée n'excède pas leur montant. Quelques auteurs exigent que la femme n'ait pas d'autres biens ou que ses paraphernaux soient beaucoup moins productifs que les biens dotaux ; cas prévu par la loi 85, *De jure dotium*. Pour ajouter cette condition ces auteurs s'appuient sur la loi 28, *De pactis dotalibus*, qui annule le pacte par lequel le mari s'engage, durant le mariage, à payer un créancier de la femme avec les fruits de la dot. De ce texte ils concluent que ce qui est défendu pour les fruits doit, à plus forte raison, l'être du capital. Si la loi 28 annule la restitution dans un cas où elle est regardée comme valable par la loi 20, *Soluto matrimonio*, c'est que cette dernière sous-entend cette condition que la femme n'ait pas d'autres biens, ou ne puisse sans grand dommage aliéner ses paraphernaux.

Cette opposition entre les deux lois de Paul, nous semble imaginaire ; dans la loi 28, Paul prévoit une question différente, il suppose non pas qu'une dot a été remise, mais qu'il y a eu une simple promesse de restitution. Lorsque ce pacte intervient avant le mariage, il est valable, puisque l'on peut alors grever la dot d'une charge. Mais lorsque le mariage est contracté, le pacte de restitution est toujours nul même dans les cas où la restitution consommée serait valable.

La loi 85, *De jure dotium*, est très-favorable à notre opinion, elle suppose qu'un père ayant donné en dot, entre autres choses, un fonds à sa fille, la laisse héritière de tous ses biens. Pressée par les créanciers de la succession elle croit plus utile de les payer avec le prix de l'aliénation du fonds dotal qu'avec les biens héréditaires, ceux-ci étant plus productifs. Sur sa demande le mari consent à la vente du fonds dotal à condition que le prix soit réellement employé à cet usage : *si nulla in ea re captio sit futura,* qu'il n'ait pas (tel est le sens paraphrasé de ces expressions) de surprise à éprouver, l'argent ne recevant pas de sa femme la destination par elle indiquée. On se demande si la partie de la dot consistant dans le fonds vendu a été valablement restituée à la femme durant le mariage, et le jurisconsulte répond que la restitution est valable si le prix a réellement été payé aux créanciers.

La loi dit bien que dans l'espèce les biens dotaux étaient moins productifs que les biens paraphernaux, mais elle ne fait pas de cette circonstance une condition de la validité de la restitution; la seule condition imposée par le *jurisconsulte* est que le prix ait passé au créancier, *si pretium creditori solvatur.* Il ne faut pas ajouter une condition au texte absolu de la loi 20.

3° *Ut fundum idoneum emat.* L'adjectif *idoneus* ne signifierait-il pas propre à garantir le paiement d'une dette, comme dans les expressions *cautio idonea, debitor idoneus,* caution, débiteur solvables? Ne faudrait-il pas voir ici une restitution de l'argent dotal faite à la femme pour acheter un immeuble qu'elle pourra ensuite hypothéquer? Grâce à cette sûreté donnée à son créancier elle obtiendra de meilleures conditions, un délai peut-être. On sait qu'à Rome surtout, la faculté de donner hypothèque était précieuse; sans une offre d'hypothèque, on trouvait difficilement les fidéjusseurs que la procédure romaine exigeait en maintes circonstances; car elle ne se contentait presque jamais d'une *nuda repromissio,* il fallait une *satisdatio.*

Le mari n'obtiendrait pas le même résultat en achetant lui-même le bien du consentement de la femme, car il deviendrait dotal et ne pourrait être hypothéqué.

4° *Ut liberis ex alio viro egentibus, aut fratribus, aut parentibus consuleret, vel ut eos ex hostibus redimeret;* telle est l'exception formulée par la loi 73; la loi 20 (*Soluto*) y ajoute, *ut egentem virum sustineat.*

Quel est cet *egens vir?* est-ce le mari actuel de la femme qui lui a restitué sa dot et qu'elle est obligée d'entrenir ? Non, car en cas d'insolvabilité du mari, la restitution n'est pas seulement permise, elle peut être exigée par la femme; il n'y a pas exception à notre règle, mais à celle que nous avons étudiée précédement. En outre, le but de la restitution ne serait pas alors de soutenir le mari, mais de sauver la dot.

Je crois que l'*egens vir* est un précédent mari divorcé et sans ressources. Le divorce *bonâ gratiâ* était si commun à Rome, qu'il n'est pas étonnant que le jurisconsulte ait prévu le cas où la femme désirerait secourir son précédent mari tombé dans la misère. Cette explication a l'avantage de cadrer très-bien avec l'exception posée dans la loi 20, *Ut liberis ex alio viro egentibus consuleret.*

Pour que la restitution de la dot faite dans un des cas d'exception fût valable, fallait-il que la dot eût réellement reçu l'emploi qui l'avait motivée? Je le crois et j'invoquerai à l'appui de cette opinion les termes de la loi 73, *Non perditurae uxori*, et la loi 85, qui pose comme seule condition de la validité de la restitution, la remise du prix au créancier. La jurisprudence a voulu que le mari, sous prétexte de donner satisfaction aux besoins de la femme, ne pût fournir à celle-ci le moyen de dissiper la dot. La dot réceptice peut-elle être valablement restituée à la femme? Non, car le mari ne peut disposer de la dot au détriment du constituant, à qui elle doit revenir à la dissolution du mariage ; s'il la remet à la femme, il ne se libère pas par là de l'obligation qu'il a con-tractée envers lui. S'il la restituait au constituant, il y aurait là un paiement anticipé qui, je crois, serait valable.

CHAPITRE II.

PAR QUELLE ACTION LA FEMME DEMANDERA-T-ELLE SA DOT EN CAS D'INSOLVABILITÉ DU MARI?

La femme n'avait pour réclamer sa dot en cas d'insolvabilité du mari, qu'une action *fictis*. Elle agissait comme si le mariage était réellement dissous par le divorce, c'était une action, *rei uxoriæ utilis, quasi facto divortio.* Justinien supprima cette fiction (loi 30, *De jure dotium*).

Si la femme est *sui juris*, c'est elle seule, qui a l'action dotale, sans qu'il importe de rechercher depuis quel moment elle a cessé d'être soumise à la puissance paternelle. Si la femme est *alieni juris*, l'action appartient à son père comme tout le patrimoine des fils et des filles de famille ; mais par une disposition exceptionnelle, il ne pourra l'intenter qu'avec le concours (*adjunctd filiæ persond*), ou le consentement de sa fille. La jurisprudence avait par cette mesure, permis à la fille de veiller efficacement à la conservation de sa dot. La fille qui refusait son consentement à un père dont la conduite était déréglée, pouvait agir seule (loi 22, par. 6, *De solutionibus*).

Lorsque la fille est présente, son consentement est présumé, d'après un rescrit d'Antonin, dès qu'elle ne s'oppose pas à ce que son père intente l'action dotale. Le consentement exprès ou tacite de la fille doit intervenir en deux moments différents : d'abord lors de la *litis contestatio* (loi 22, *Soluto*), ensuite, lors du paiement de la dot ; *non solum autem in exigendâ, sed etiam in solvendâ dote, quæ communis est patris et filiæ, utriusque voluntas exquiritur* (loi 3, *Soluto*).

Lorsque la dot a été remise, soit au père, soit à la fille, sans le concours de leurs volontés, le mari n'est pas libéré, la dot peut lui être demandée de nouveau ; par le père du vivant ou après la mort de sa fille, par la fille elle-même devenue *sui juris*. Néanmoins le père ne pourrait pas intenter l'action dotale, si le mari avait rendu la dot à la femme pour des motifs qui autorisent sa restitution durant le mariage, *ex justis causis*.

CHAPITRE III.

CONTRE QUI L'ACTION EN RESTITUTION SERA-T-ELLE INTENTÉE ?

Cette action ne peut être intentée que contre le mari ou celui sous la puissance duquel il se trouve lorsque son insolvabilité est cause de la restitution de la dot.

Si le mari est *sui juris*, c'est lui seul qui doit être actionné, quand même la dot aurait été remise à un tiers par son ordre (loi 22 par. 12, *Soluto*); lorsque le fils est resté sous la puissance de son père, il faut rechercher à qui la dot a été remise. Quand la dot a été remise au père, c'est contre lui *seul* que doit être donnée l'action *rei uxoriæ*. Si c'est le mari fils de famille, qui a reçu la dot, l'action sera d'abord donnée contre lui, car il peut s'obliger civilement comme une personne *sui juris*; *filius familias ex omnibus causis tanquam paterfamilias obligatur*. En outre, d'après le droit prétorien, l'action *rei uxoriæ* pourra être intentée contre le père, *quod jussu* ou *de in rem verso* et *de peculio*.

L'action dotale sera donnée *in solidum* avec la modification de la formule *quod jussu* contre le père, s'il a ordonné à son fils de recevoir la dot. Si la dot a été reçue par le fils de famille sans l'ordre du père la femme aura contre ce dernier l'action *rei uxoriæ* transformée en action *de peculio* et *de in rem verso*. Cette action aura une double condamnation, le juge examinera d'abord si le père a profité, pour le condamner au montant du gain qu'il a fait; ensuite il le condamnera sur le pécule, s'il n'a pas profité ou pour la partie de la dot qu'il n'aura pas gagnée. La femme agissant de *peculio* n'en aura pas moins le privilége *inter personales actiones* qui était attaché à l'action *rei uxoræ*.

L'obligation dont le mari ou le beau-père peuvent être tenus est transmissible à leurs héritiers.

Lorsque le père qui a reçu la dot meurt *constante matrimonio*, laissant le mari héritier pour partie, celui-ci pourra prélever par l'action *familiæ erciscundæ* toute la dot de sa femme, comme si elle lui avait été léguée *per præceptionem*. Désormais le fils seul supportera les charges du ménage, comme la dot doit toujours suivre les *onera matrimonii*, il la touchera tout entière. Si le fils est exhérédé par son père, il prendra néanmoins la dot, dans sa succession à l'aide d'une *actio familiæ erciscundæ utilis* (loi 1, par 9, *de dote prælegata*). Comme dans les deux cas les héritiers de son père resteront tenus, chacun pour leur part, de l'obligation de restituer la dot, ils exigeront que le mari leur donne caution de les défendre contre l'action de la femme.

Si la dot a été donnée au mari fils de famille, il exercera également un prélèvement qui ne sera de la totalité de la dot, qu'au cas où il l'a reçue sur l'ordre du père. Si l'ordre du père n'est pas intervenu, le prélèvement se bornera au pécule ou au profit que le père a retiré de la dot.

DU BÉNÉFICE DE COMPÉTENCE.

Certaines personnes actionnées par d'autres que des liens d'affection leur rattachent, échappent à la rigueur du droit commun, qui fait condamner le débiteur au paiement intégral de la dette, sans avoir aucun égard à l'état actuel de sa fortune. Elles jouissent de ce que les interprètes ont nommé le *bénéfice de la compétence*; à l'aide d'une exception appliquée à la *condemnatio* (*in id quod facere potest*), elles ne seront condamnées que jusqu'à concurrence de leurs ressources actuelles (loi 33, *De novationibus*). Le mari et même le beau-père actionné en restitution de la dot, jouissent de ce bénéfice (loi 16, *Soluto*).

Ils pourront néanmoins être actionnés pour le surplus s'ils reviennent à meilleure fortune, parce qu'au moment de la condamnation *in id quod facere potest*, il était d'usage d'exiger du débiteur qu'il stipulât le paiement du reste de la dette, pour le moment où ses ressources le lui permettraient. Ce bénéfice basé sur les rapports existants entre les plaideurs, est tout personnel, aussi n'est-il pas transmissible aux héritiers, *cum personâ extinguitur*, dit Paul.

Que faut-il entendre par ces facultés au-delà desquelles les personnes jouissant du bénéfice de compétence ne peuvent être condamnées ? Pour toutes, sauf le donateur, ces facultés sont leurs biens actuels sans en déduire les dettes. Le donateur a deux avantages particuliers; le juge déduira de son actif brut : 1° ce qu'il doit à d'autres que des donataires, car entre donataires, le plus diligent est préféré ; 2° une somme suffisante pour qu'il ne tombe pas dans l'indigence (*ne egeat*), par l'effet de sa libéralité. Justinien a étendu au profit de toutes les personnes qui jouissent du bénéfice de compétence, un des deux avantages particuliers au donateur; il leur a permis de retenir *aliquid, ne egeant*. Mais en ne généralisant pas en même temps, probablement par oubli, l'autre privilége, il a rendu illusoire la faveur qu'il voulait accorder; à quoi servira-t-il qu'on laisse au débiteur condamné la somme strictement nécessaire à ses besoins si ses autres créanciers peuvent la lui enlever ?

CHAPITRE IV.

QUELLES SONT LES CHOSES QUI DOIVENT ÊTRE COMPRISES
DANS LA RESTITUTION DE LA DOT ?

Lorsque la femme actionne son époux insolvable
en restitution de la dot, elle aura des droits différents, suivant que la dot consistera en quantités,
en corps certains estimés ou non estimés. Mais les
règles sont les mêmes, quel que soit l'événement qui
donne lieu à la restitution de la dot.

DU CAS OU LA DOT CONSISTE EN QUANTITÉS.

Le mari, dans ce cas, est débiteur, non pas des
objets reçus en dot, mais d'autres de même quantité
et qualité. Débiteur de genres, le mari supporte les
risques; si les objets constitués en dot périssent par
cas fortuit, il n'est pas libéré (loi 42, *De jure dotium*).
Le fonds que le mari aurait acheté sans le consentement de la femme, avec les sommes qui lui ont
été constituées en dot, n'est pas dotal. Avec

le concours des deux époux, il y aurait *permutatio dotis* et alors *fundus dotalis efficitur* (loi 25 *De jure, dotium*).

DU CAS OU LA DOT CONSISTE EN CORPS CERTAINS LIVRÉS AU MARI AVEC ESTIMATION.

L'estimation des choses données en dot est interprétée dans le sens d'une vente ; le mari est sensé les avoir achetées de la femme moyennant le montant de cette estimation. Il est débiteur du prix et non pas de l'objet qu'il a reçu ; de là ce double résultat : 1° débiteur de genres, il n'est pas libéré par la perte fortuite de l'objet constitué en dot (loi 10, *De jure dotium*) ; 2° cet objet n'est pas dotal, le mari en est pleinement propriétaire. Si c'est un immeuble, son aliénation n'est pas prohibée par la loi *Julia*. *Alienare eum* (*fundum*) *potest vir sive consentiente muliere, sive non*, dit le recueil intitulé *Petri exceptiones*. Le mari a, comme nous le voyons, intérêt à ce que les choses constituées en dot lui soient livrées sans estimation, car alors il n'en supporte pas les risques.

Mais si le mari supporte sans dédommagement la perte de l'objet reçu en dot, à l'inverse, il gagne tous ses produits et profite de sa plus-value.

La vente fictive qui résulte de l'estimation est conditionnelle ; aussi faut-il lui appliquer les pricipes des contrats faits sous condition, la perte totale, *pendente conditione*, sera supportée par la femme, la simple détérioration sera mise à la charge du mari qui n'en devra pas moins l'estimation entière (loi 10, par. 5, *De jure dotium*).

Si le mari n'est pas devenu immédiatement propriétaire des choses constituées en dot, soit parce qu'elles étaient *mancipi*, soit parce que le *tradens* n'en avait pas la propriété, ils les usucapera durant le mariage *pro emptore* et non pas *pro dote*. Mais *pendente conditione*, avant le mariage, le mari ne pourra usucaper *pro emptore*, puisque la vente est encore en suspens. Usucapera-t-il *pro suo*? Non, la femme n'a pas dû avoir l'intention de transférer la propriété indépendamment de la vente et absolument, et pour qu'il y ait titre d'usucapion il faut qu'il y ait intention actuelle de transférer et d'acquérir la propriété. Mais on supposerait à la femme l'intention de transférer immédiatement la propriété, si elle livrait un bien sans estimation; le mari usucaperait donc *pro suo* avant le mariage et *pro dote* après (loi 10, par. 4, *De jure dotium*). Comme le mari supporte les détériorations et même la perte de l'objet dotal estimé, de même il en gagne les accroissements. L'alluvion, les enfants de l'esclave dotale ne pourront lui être demandés lors de la restitution.

Lorsque l'objet constitué en dot a reçu une esti-

mation trop faible, parce que la femme voulait faire
une donation à son époux, l'estimation est nulle ;
le mari est tenu de restituer l'objet même (loi 12,
De jure dotium). La loi que nous venons de citer
annule l'estimation qui déguise une donation lors
même qu'elle est antérieure au mariage. Cette conséquence déduite mathématiquement des principes,
est en contradiction avec l'esprit de la règle qui
prohibe les donations entre époux. Les jurisconsultes romains se sont dit : Comme l'estimation n'aura
d'effet qu'après le mariage, le bien passerait *constante matrimonio*, de l'un des époux à l'autre pour
cause de donation, ce qui ne se peut pas ; il faut
donc annuler l'estimation antérieure au mariage. Si
l'on avait consulté l'esprit de cette règle, l'on aurait
dit : L'influence de l'un des époux sur l'esprit de
l'autre, que le législateur a crainte durant le mariage,
n'existant pas au même degré avant qu'il ne soit
contracté, il ne faut pas étendre la défense aux
contrats antérieurs au mariage.

Si l'estimation trop faible provient d'une erreur
de la femme, pourra-t-elle se faire indemniser de
cette lésion ? Si l'on appliquait à la vente fictive du
bien dotal les principes généraux qui régissent ce
contrat, il ne faudrait indemniser la femme qu'en
cas de dol, de violence ou de lésion de plus de moitié, d'après Dioclétien. Mais le juge de l'action *rei
uxoriæ*, en vertu des pouvoirs que lui donne la for-

mule de cette action de *bonne foi*, examinera avec la plus rigoureuse équité de combien la femme a été lésée par cette estimation, et la fera indemniser par son mari (loi 12, p. 1, *De jure dotium*). Il faudrait également, comme l'équité est la base de cette action, que le mari, lésé par une estimation trop élevée, fût indemnisé (loi 6, par. 2, *De jure dotium*).

Le mari, comme tout acheteur, en cas d'éviction, a un recours contre la femme par l'action *ex empto*. Il faut remarquer que le mari actionné en restitution de la dot devra rendre, non pas le montant de l'estimation primitive, mais toute l'indemnité obtenue par son action *ex empto*. Cette décision serait également vraie, s'il avait obtenu le double de l'estimation, parce que la femme lors de la constitution de dot, avait, suivant l'usage en cas de vente, fait une *stipulatio duplæ*.

Sufficit enim, nous dit la loi 16 au Digeste (*De jure dotium*), *maritum indemnem præstari, non etiam lucrum sentire debet.*

L'estimation de l'objet dotal vaut vente, s'il n'y a pas de convention qui lui donne une autre portée. Si elle est accompagnée de l'obligation pour le mari de restituer les objets mêmes qui ont été constitués en dot, ces objets sont dotaux, inaliénables, s'ils sont immeubles; toujours les risques seront supportés par la femme, puisque le mari est débiteur de corps certains. Cette estimation est faite, disent

les commentateurs, *taxationis causa*, parce qu'elle
est un forfait pour le cas où l'objet dotal viendrait
à périr ou à être détérioré par la faute du mari.
Dans le premier cas, il paiera la totalité de l'estimation ; dans le second, une part proportionnée à la
portion de l'objet dotal qu'il ne pourra rendre en
nature.

Cette convention aura, en outre, pour effet
d'augmenter la responsabilité du mari touchant la
garde de l'objet dotal. De droit commun, il n'est
tenu, comme nous le verrons plus loin, que de la
culpa levis in concreto; tandis qu'ici, il sera responsable de la *culpa levis in abstracto.* Le mari devra
apporter à la conservation de la chose les soins d'un
bon père de famille : c'est du moins ce qu'il est permis de conclure par analogie d'une décision formelle que nous trouvons donnée en ce sens pour
l'associé, loi 52, *Pro socio.*

L'estimation ne valant pas vente, si le mari est
évincé, il n'aura pas contre la femme l'action *ex
empto*; sa position sera exactement ce qu'elle eût
été, s'il n'y avait pas eu d'estimation. Si avant la
constitution de dot, la femme s'est obligée par *dic-
tio* ou par stipulation, le mari évincé aura toujours
la *condictio* pour exiger un autre paiement, le premier étant nul. Si la constitution de dot n'a été pré-
cédée d'aucune obligation, le mari n'aura d'action
contre sa femme que si cette dernière n'avait pas

ignoré qu'elle n'était pas propriétaire. L'action donnée au mari sera rédigée *in factum; ne in uxorem famosa detur actio.*

Le mari ne gagnera pas les produits, mais seulement les fruits de la chose estimée *taxationis causa.* Car telle a dû être l'intention des parties (loi 69, par. 7, *De jure dotium*).

L'estimation peut avoir un autre but : les époux peuvent convenir que si l'objet dotal existe encore lors de la restitution de la dot, il sera rendu en nature; que s'il a péri même sans la faute du mari, il en paiera l'estimation (loi 18, *De jure dotium*, et loi 50, *Soluto matrimonio*). Il faut dire alors que pour les choses existant encore au moment de la restitution, l'estimation n'a pas valu vente, elles sont dotales et inaliénables; pour celles qui ont péri, il a eu vente, elles ne sont pas dotales, le mari n'en doit que l'estimation.

Comme, en somme, toutes les choses sont aux risques du mari, il est équitable de lui accorder leurs produits, comme si l'estimation valait vente en tous cas.

L'estimation peut enfin avoir pour effet de constituer le mari débiteur sous l'alternative ou de l'objet dotal, ou de son estimation. En ce cas, si la chose a péri par cas fortuit, la dette du mari se réduit à l'estimation; si elle est détériorée, le mari se libérera en la restituant telle qu'elle est (loi 10, par. 6, et loi 11, *De jure dotium*). L'objet dotal étant aux risques du mari, puisque sa perte ne le libère pas, il gagnera les produits.

DU CAS OÙ LA DOT CONSISTE EN CORPS CERTAINS NON ESTIMÉS.

Lorsque le mari reçoit en dot un corps certain sans estimation, il doit le rendre en nature ; la perte par cas fortuit le libère. Si l'objet dotal périt alors qu'il est en demeure de le restituer, le mari n'est libéré que s'il prouve qu'il eût également péri chez la femme (loi 7, *Soluto matrimonio*).

En cas de perte sans faute du mari, la femme ne peut lui demander que ce qui reste de la chose ou des accessoires. Si la dot comprenait une esclave qui est morte après avoir eu des enfants, ils pourront seuls être redemandés par l'action *rei uxoriæ*.

Quelle est l'étendue de la responsabilité du mari quant à la garde des objets dotaux ?

Le mari doit apporter à la conservation des biens dotaux le même soin qu'il apporte à ses propres affaires. La loi 17, *De jure dotium*, tirée de Paul est formelle sur ce point : *In rebus dotalibus virum præstare oportet, tam dolum quam culpam, quia causa sua dotem accipit, sed etiam diligentiam præstabit quam in suis rebus exhibet.*

Le mari répond de sa *culpa levis in concreto*, selon l'expression consacrée dans la doctrine moderne; il n'est donc pas tenu de donner à l'objet dotal les soins d'un bon père de famille. On le traite au point de vue de la responsabilité comme l'associé, bien qu'il n'existe pas de société entre les époux; néanmoins, l'on peut dire que la dot n'est fournie au mari que dans l'intérêt commun des époux et du ménage. A un autre point de vue, il nous semble logique d'assimiler le mari à un associé; car il est comme lui connu de son conjoint, qui sait quel soin il apporte à ses affaires et pourrait, en cas de besoin, prendre des précautions lors de la constitution de la dot.

La mesure de la responsabilité du mari doit être la même pour les biens incorporels et pour les biens corporels; il n'est pas tenu, bien que quelques auteurs aient prétendu le contraire (1), à plus de diligence dans le recouvrement des créances dotales que dans le recouvrement de celles qui lui sont propres, car le mari a autant d'intérêt à la conservation des créances qu'à celle des biens corporels.

Si la femme, pour se constituer une dot, a délégué un de ses débiteurs au mari et qu'il soit devenu insolvable, faut-il faire supporter cette insolvabilité par le mari et dire que la dot pourra lui être demandée comme s'il l'avait reçue? En principe, les risques de l'insolvabilité du délégué sont pour le délégataire; mais quand il s'agit de la dot, la femme délégante prend tacitement les risques à sa charge.

Le mari supporterait néanmoins l'insolvabilité du débiteur s'il en était convenu expressément ou tacitement, s'il a fait novation, acceptilation, sans le consentement de la femme (1. 35 et 49), s'il a accordé un délai (1. 71), si lors de la délégation le débiteur était déjà insolvable (1. 41, p. 3). Il faut donc dire qu'en principe le mari se libérera en cédant à la femme sa créance telle quelle, contre le débiteur qu'elle lui a délégué.

Le donateur qui voulait constituer une dot à la femme s'est obligé lui-même; il est devenu insolvable et le mari ne l'a pas rigoureusement poursuivi avant sa déconfiture. Il est excusable de n'avoir pas traité le bienfaiteur de sa femme comme un débiteur ordinaire, il sera libéré en cédant sa créance à cette dernière (1. 33, *De jure dotium*). La promesse de la dot a-t-elle été faite par la femme ou par son père, le mari sera libéré en leur faisant, lors de la restitution, la remise de leur obligation. Il serait étrange de voir la femme se plaindre de ce que son mari ne l'ait pas contrainte elle-même ou son père à exécuter sa promesse.

Des questions délicates se présentent lorsque le mari reçoit en dot un usufruit; nous les étudierons d'une manière spéciale.

1° La femme usufruitière d'un fonds dont le mari est nu propriétaire lui constitue cet usufruit en dot par *in jure cessio*. L'usufruit ne passe pas au mari, mais s'éteint, *nemini res sua servit*.

Il jouira du fonds non pas comme usufruitier, mais comme propriétaire; aussi ne pourrait-il perdre son droit par non usage. Si la femme demande la restitution de sa dot, le mari ne lui remettra pas l'usufruit qui s'est éteint par consolidation, mais il constituera un nouveau droit d'usufruit sur la tête de la femme (loi 78, *De jure dotium*).

2° La femme constitue en dot à son mari l'usufruit d'un fonds dont elle est propriétaire. Le mari acquiert un véritable usufruit, une servitude personnelle qu'il perdra par le non usage, s'il néglige de jouir pendant deux ans. La loi *Julia* ne fait pas obstacle à cette extinction de l'usufruit, bien qu'elle empêche l'extinction par non usage des servitudes prédiales. Les jurisconsultes n'avaient pas fait rentrer les servitudes personnelles sous la désignation de *prædium dotale* employée par la loi *Julia*.

Si le mari perd l'usufruit par non usage au moment où la femme a encore la nue propriété, comme il vient s'y réunir par consolidation, elle ne pourra rien demander à son époux lors de la restitution de la dot. Elle recouvre par anticipation ce qu'elle eût pu demander par l'action dotale. Voici un cas où le mari est libéré par une restitution anticipée.

Si au moment de la perte de l'usufruit la femme a aliéné la nue propriété, elle pourra demander au mari, par l'action dotale, une indemnité pour le tort qu'il lui cause en n'ayant plus l'usufruit.

Si le mari a conservé l'usufruit, il le restituera à la femme nue propriétaire par une *in jure cessio*. Si la femme a aliéné son droit, le mari ne pourra lui transférer l'usufruit, mais il lui en attribuera les avantages en le lui louant *uno nummo*, ou en lui vendant pour le même prix fictif l'exercice du droit. Il pourrait encore le céder *in jure* au propriétaire, à la condition qu'il en paie le prix à la femme (loi 78, p. 2, *De jure dotium*).

3° Si un tiers pour doter la femme constitue sur son propre fonds un usufruit au mari, celui-ci devient un véritable usufruitier. Mais que rendra-t-il à la femme qui lui demande la restitution de sa dot? Il ne peut lui céder l'usufruit proprement dit puisqu'elle n'est pas nue propriétaire; mais il attribuera à sa femme, par une vente simulée, tout le profit de l'usufruit qui restera sur sa tête (loi 66, *De jure dotium*).

4° Si la femme avait constitué en dot à son mari un usufruit qui reposait sur sa tête, en lui procurant ses avantages, celui-ci ne serait tenu, lors de la restitution de la dot, qu'à lui rendre la jouissance par le moyen de l'un des expédients dont nous avons parlé.

Le mari qui ne peut par son dol restituer l'objet dotal paiera à la femme le montant de la *litis æstimatio* qu'elle fera sous serment; en restituant la dot, le mari doit donner caution de n'avoir rien fait par son dol ou par sa faute, qui pût amoindrir la valeur de l'objet dotal (loi 25, par. 1, *Soluto*).

Si la dot consiste en la libération du mari débiteur de sa femme, comment sera-t-elle rendue? Si l'obligation éteinte était pure et simple, si le terme ou la condition sont arrivés avant la restitution, le mari sera censé avoir reçu le montant de l'obligation qu'il paiera à la femme; si le terme ou la condition ne sont pas encore arrivés, il devra se replacer dans la position où il était avant la constitution de dot, en promettant à la femme le montant de sa dette aux époques et conditions primitives.

DE LA RESTITUTION DES ACCROISSEMENTS ET DES PRODUITS DES CHOSES CONSTITUÉES EN DOT SANS ESTIMATION VALANT VENTE.

Lorsque des corps certains ont été constitués en dot sans une estimation valant vente, la femme aura le droit, lorsqu'elle demandera la restitution de la dot, d'en exiger *les produits*.

Quelles sont les choses qu'il faut comprendre sous la dénomination de *produits*, par opposition aux fruits ? Les produits seront ici les choses *qui ex re nasci et renasci non solent;* un trésor, une coupe faite dans un bois de haute futaie non aménagé, les enfants de l'esclave dotal.

Si un tiers a trouvé un trésor sur le fonds dotal durant le mariage, le mari devra restituer à la femme la moitié qu'il a touchée comme propriétaire du fonds. Mais si le mari avait lui-même découvert le trésor, il garderait définitivement la moitié attribuée à l'inventeur et ne serait tenu de rendre à la femme que l'autre moitié. Lorsque le mari, du consentement de sa femme, vend un de ces produits, il y a *permutatio dotis*, et le prix en devient dotal (loi 32, *De jure dotium*).

La femme a en outre le droit de demander, par l'action dotale, les accroissements que la chose a reçus durant le mariage, tels que l'alluvion, etc. Le mari doit aussi restituer tout ce qu'il a acquis à l'occasion du bien dotal, l'usufruit qui s'est réuni à la propriété, les hérédités et les legs recueillis par l'esclave dotal, quand ils ne lui ont pas été laissés *contemplatione mariti.*

Tous les jurisconsultes romains n'admettaient pas cette dernière opinion. Julien, dans la loi 47, *De jure dotium,* n'attribue à la femme que les legs et les hérédités qui sont arrivés à l'esclave avant le mariage, puisqu'il les compare aux fruits qui, perçus à cette époque par le mari, augmentent la dot. Julien s'éloignait donc de l'opinion générale sur les legs et les hérédités acquis par l'esclave, *constante matrimonio*; il lui répugnait de ne pas se montrer plus favorable à l'égard du mari propriétaire, qu'on ne l'était pour un simple usufruitier. L'esclave soumis à l'usufruit acquiert à l'usufruitier, quand la cause d'acquisition se rattache à l'usage ou à la perception des fruits. Julien voulait que le mari plein propriétaire acquît par l'esclave dotal, quelle que fût la cause de l'acquisition, et non pas la femme, qui, *constante matrimonio*, n'a aucun droit réel sur cet esclave.

Mais quant aux produits que le mari aurait retirés, durant le mariage, d'une carrière qu'il a mise lui-même en exploitation, ils ne seront pas sujets à restitution. Les jurisconsultes romains n'y voyaient pas des portions de la chose dotale, mais de simples fruits; ils ne mettaient donc pas sur le même pied la carrière et la *silva non caedua*. La femme néanmoins devra indemniser son mari des dépenses que lui a occasionnées l'ouverture de la carrière, quand, par ce fait, il a créé pour la femme une source durable de revenus. Mais aussi la femme aurait le droit de demander une indemnité si l'ouverture de la carrière avait diminué la valeur du fonds dotal.

DE LA RESTITUTION DES FRUITS DES BIENS DOTAUX NON ESTIMÉS.

Le mari doit, durant le mariage, subvenir aux besoins de la famille; pour l'aider à supporter cette charge, il gagne les fruits de la dot qu'il a reçue. Bien que telle soit la destination des revenus de la dot, leur attribution n'est point faite au mari, à la condition qu'il justifie de leur emploi aux dépenses du ménage. Il ne doit aucun compte à sa femme des fruits qu'il a gagnés, qu'il les ait employés à des dépenses personnelles, ou même qu'il ne les ait pas encore consommés (loi 60, par. 3, *Mandâti*).

Comme les fruits de la dot ne sont accordés au mari qu'en compensation des charges matrimoniales qu'il supporte, il ne doit pas les gagner, lorsque ces charges ne lui incombent pas. Aussi, lorsque le fonds constitué en dot est livré au mari avant le mariage, celui-ci ne gagne-t-il pas les fruits qu'il en a retirés avant cet événement; ils appartiennent à la femme et forment un *capital dotal* qu'elle demandera lors de la restitution de sa dot (loi 7, par. 1, *De jure dotium*).

Si le fonds constitué en dot n'est devenu dotal que postérieurement au mariage, par tradition, nuncupation, ou *in jure cessio*, le mari ne gagnera les fruits qu'à dater de l'événement qui détermine la dotalité. Poursuivi par l'action dotale, le mari ne pourrait retenir la portion des fruits correspondant à l'époque comprise entre la restitution de la dot et la tradition ou la nuncupation du fonds (loi 5, *Soluto matrimonio*). Il est vrai que si la femme n'a apporté en dot que ce fonds, le mari aura dans l'intervalle dont nous venons de parler supporté seul les charges matrimoniales (*onera matrimonii*) ; mais l'on peut dire, pour justifier la rigueur de cette solution, qu'en n'exigeant pas immédiatement la livraison du fonds, il s'est tacitement obligé à soutenir, *in intervallo*, les charges de la vie conjugale.

Le mari ne gagne pas les fruits qu'il perçoit depuis la dissolution du mariage ; même les revenus de la dernière année ne lui sont acquis que proportionnellement au temps qu'a duré le mariage, durant cette année. Les jurisconsultes avaient pris cette mesure, toute d'équité, afin que la femme répudiée, souvent chargée de famille, ne se trouvât pas sans ressources disponibles, lorsque le divorce avait lieu après la récolte.

Le point de départ de cette dernière année est l'anniversaire du mariage, si le fonds est devenu dotal ce jour-là ; ce sera au contraire l'anniversaire de la tradition ou de la nuncupation qu'il faudra prendre, si la dotalité n'a pris naissance que *constante matrimonio*. Si dans ce dernier cas, l'on faisait commencer l'année courante à l'anniversaire du mariage, le mari gagnerait indirectement les fruits du fonds avant sa dotalité. Si nous supposons un mariage contracté le 1er mai et une dot livrée le 1er juin, le divorce arrive le 1er août ; la femme demandera par l'action dotale les dix douzièmes de la récolte que le mari vient de faire ; elle n'aurait droit qu'aux neuf douzièmes, si l'on faisait commencer la dernière année au 1er mai.

Ce partage des fruits de la dernière année n'est écrit que pour le cas de dissolution du mariage, mais nous ne voyons pas de raison pour ne pas étendre cette règle, toute d'équité, au cas où l'insolvabilité du mari force la femme à exiger la dot durant le mariage.

DU RECOUVREMENT DES DÉPENSES QUE LE MARI A FAITES POUR LES BIENS DOTAUX.

En cas de dissolution du mariage, le mari actionné par l'action *rei uxoriæ* avait un droit de rétention pour se faire payer les dépenses que les biens dotaux lui avaient occasionnées. Lorsque la femme exigeait la restitution de sa dot durant le mariage, l'action *rei uxoriæ* lui étant donnée d'une manière utile, il faut, à défaut de texte formel, accorder le même droit au mari quand il s'agit des dépenses nécessaires. Faudrait-il donner au mari qui a fait des dépenses utiles le droit de retenir la dot jusqu'à leur complet remboursement ? Je ne le crois pas : sans cela, le mari qui aurait considérablement amélioré le bien pourrait se rendre complétement insolvable avant que sa femme puisse l'indemniser. Au reste, le droit romain mettait une grande différence entre les dépenses nécessaires et les dépenses utiles; les jurisconsultes disaient des premières qu'elles diminuaient la dot *ipso jure*. Mais il ne faut pas prendre ces expressions dans un sens absolu.

1° Si la dot se compose d'un fonds non estimé et d'une somme d'argent, les dépenses nécessaires faites sur le fonds diminueront d'autant la somme que le mari devra rendre à sa femme (Ulpien, loi 5, pr. et 1, *De impensis*).

Si la femme indemnise son mari, quel effet produira ce paiement? L'indemnité fournie par la femme s'ajoutera-t-elle comme une nouvelle dot à ce qui reste de l'ancienne, ou bien la diminution de la dot sera-t-elle effacée et reprendra-t-elle son chiffre primitif? La solution de cette question n'est intéressante qu'en cas de dissolution ; quand la dot primitive était profectice, le remboursement le sera-t-il aussi? Ulpien veut que le remboursement forme une nouvelle dot.

2° Quand il n'y a qu'un fonds dans la dot et que les dépenses qu'il a occasionnées n'en excèdent pas la valeur, tous les jurisconsultes décident que ces impenses ne diminueront pas la dot en faisant cesser la dotalité d'une partie du fonds.

3° Mais lorsque les dépenses faites successivement sont arrivées à égaler la valeur du fonds, il y a dissentiment entre les jurisconsultes. Paul et Ulpien pensent que le fonds reste dotal; Nerva et Scœvola sont d'un avis différent.

En suivant cette seconde opinion, quel effet doit-on donner au remboursement des dépenses par la femme? Y aura-t-il nouvelle dot ou reconstitution de l'ancienne? Que l'on prenne l'un ou l'autre système, le résultat pratique laissera à désirer : en suivant le premier, l'on change sans le consentement des époux la dot immobilière en une dot pécuniaire; en suivant le second, il faudra dire qu'avant le remboursement, le fonds a cessé d'être dotal, il est devenu aliénable ; par l'effet du remboursement il redeviendrait dotal, l'aliénation qui en aurait été faite serait résolue au grand détriment des tiers avec qui le mari a contracté.

Sous Justinien, il résulte de deux interpolations de Tribonien, que si les dépenses nécessaires atteignent la valeur du fonds, elles ne font pas cesser sa dotalité si la femme les rembourse dans le délai d'un an. Le fonds reste inaliénable durant cet intervalle (Paul, loi 56, par. 3, *De jure dotium*).

Les dépenses d'*entretien* des choses dotales, quoique nécessaires à leur conservation, resteront toujours à la charge du mari ; il doit les prendre sur les fruits : *Tueri res dotales vir suo sumptu debet* (loi 13, *De impensis*).

Pour le remboursement des dépenses *utiles* qui ne sont pas destinées à conserver la chose dotale, mais à l'améliorer, le mari aura l'action *mandati contraria*, si elles ont été faites du consentement de sa femme. Il aura même, dans le dernier état du droit, l'action *negotiorum gestorum contraria*, mais seulement si le remboursement n'est pas, d'après les circonstances, trop onéreux pour la femme (loi 8, *De impensis*).

Le mari n'a aucune action pour se faire indemniser des dépenses *voluptuaires* qu'il a faites sur les biens dotaux. Mais le mari a le droit d'enlever les améliorations, *si separationem recipiant.* La femme qui s'opposerait à cet enlèvement devrait rembourser la dépense faite par le mari (lois 9 et 11, *De impensis*).

EFFETS DE LA RESTITUTION DE LA DOT, *constante matrimonio.*

Tant que dure le mariage, la dot restituée est *inaliénable*, la femme n'acquiert que le droit de la détenir et d'en consacrer les fruits à l'entretien de la famille.

Nos anciens auteurs croyaient que Justinien avait rendu la dot prescriptible à partir du moment où elle était restituée à la femme durant le mariage; ils voyaient une preuve irréfutable de cette innovation de Justinien dans la loi 30, au code *De jure dotium (in fine)*. Nous ne pouvons admettre cette opinion, bien que l'autorité des commentateurs qui l'ont adoptée ait été telle, qu'elle a passé dans le code. L'art. 1561 dit : « Les immeubles dotaux sont *imprescriptibles durant le mariage.... ils sont néanmoins prescriptibles après la séparation de biens.* »

Pour donner à la loi 30, *De jure dotium*, l'interprétation qu'elle comporte, il faut connaître les principes du droit romain sur l'usucapion des biens dotaux ; nous en dirons quelques mots.

Les biens dotaux, étant inaliénables, devaient être

imprescriptibles, car l'usucapion contient une aliénation ; et Paul dit très-bien : *Alienationis verbum usucapionem continet : vix est enim ut non videatur alienare qui patitur usucapi.*

Si l'imprescriptibilité du fonds dotal est une conséquence de son inaliénabilité, elle doit commencer et finir avec elle. Il faut donc dire : 1° que la dot remise au fiancé étant inaliénable, même avant le mariage, sera imprescriptible dès sa remise ; 2° que l'inaliénabilité subsistant après la dissolution jusqu'à ce que la dot ait été restituée à la femme, l'imprescriptibilité susbsistera jusqu'à cette époque ; 3° que la dot restituée durant le mariage sera également imprescriptible, puisqu'elle est inaliénable. L'inaliénabilité et l'imprescriptibilité ont toujours marché de pair sous le droit des jurisconsultes. Justinien a-t-il modifié cette règle dans sa loi 30, *De jure dotium ?* Faut-il dire que cet empereur rendit le fonds dotal susceptible d'usucapion, dès la dissolution du mariage ou dès la restitution de la dot ayant lieu *constante matrimonio ?*

Nous ne voyons dans aucun texte que Justinien ait rendu le fonds dotal aliénable dès que le mariage est dissous ou réputé dissous. Est-il croyable que cet empereur, si soigneux de l'intérêt des femmes, ait admis l'usucapion du fonds dotal à un moment où il ne pouvait être aliéné, et cela sans nous donner aucun motif de cette bizarrerie ?

Non, je suis convaincu que les prescriptions que l'empereur, dans sa loi 30, fait commencer dès le moment où la femme pourra agir, n'ont nullement trait à l'usucapion des biens dotaux, mais à la prescription des actions par lesquelles la femme peut recouvrer sa dot. Si la femme agit contre son mari par son action personnelle, la prescription ne pourra lui être opposée que si trente ans se sont écoulés depuis la restitution de la dot. Si la femme intente l'action hypothécaire contre son mari, la prescription pour lui être opposée devra avoir duré quarante ans, à dater du jour de la restitution de la dot ou de la dissolution du mariage.

DROIT FRANÇAIS

DE LA SÉPARATION DE BIENS JUDICIAIRE,

ANCIEN DROIT.

La séparation de biens survécut à la législation romaine où elle avait pris naissance. Elle fut admise dans toute notre France ancienne ; dans les pays de droit écrit comme une dépendance nécessaire du régime dotal, et, dans les pays de coutume, comme un emprunt qu'il importait de faire à ce régime, pour tenir en échec la puissance absolue du mari sur la communauté.

Quelques anciens commentateurs des coutumes validaient les séparations volontaires ; Ch. Dumoulin était de cet avis et disait sur l'art. 104 de la

coutume de Paris : *Ex quo sic diu separati fuerunt,
dissoluta est communio et diuturnitas idem operatur
quod sententia.* Mais la doctrine généralement suivie proscrivait les séparations volontaires et ne leur
attribuait nul effet, quelque temps qu'elles eussent
duré. « Les séparations soit de corps, soit de biens,
« dit Denizart, ne peuvent se faire valablement
« par des actes volontaires ; il faut qu'elles soient
« prononcées judiciairement et en connaissance de
« cause » (Parlement de Paris 1601).

Quelques coutumes les avaient proscrites par un
texte formel, c'étaient : celles de Dunois (58), d'Orléans (198), de Sedan (97), de Melun (215). On
décidait même avec raison que les séparations n'é-
taient pas valables quand la sentence qui les prononçait n'intervenait que d'après le consentement
des époux, parce que, dit Duplessis, *cela ne serait
toujours que volontaire.* « Il faut qu'il y ait nécessité
et que la séparation « soit prononcée en connais-
« sance de cause, autrement toute séparation faite
« par le juge, en quelque forme que ce soit, est
« absolument nulle et n'a effet quelconque. » (Arrêt de Paris 27 *mars* 1708.) Pourtant, il n'y avait
pas de texte de loi positif annulant les séparations
volontaires qui pût donner ouverture à cassation
s'il était violé ; c'est ce qu'a jugé la cour suprême *le*
10 *juillet* 1809. Quelques provinces, telles que l'Ar-
tois et la Flandre, admettaient même dans leurs cou-

tumes les séparations volontaires et contractuelles, mais c'était là une exception au droit commun, particulière à ces pays tardivement conquis, et qui avaient joui très-longtemps de leur autonomie législative sous la domination espagnole.

Dans le dernier état de la jurisprudence, la femme pouvait seule demander la séparation de biens, le mari n'avait pas cette faculté et l'on disait de lui : *Qui épouse la femme épouse les dettes.* Mais au seizième siècle et au dix-septième, on autorisait souvent le mari à demander la séparation, lorsque les dettes de la femme, antérieures au mariage, étaient considérables ou faisaient pleuvoir sur sa tête une foule de procès. C'est ce qui fut jugé par un arrêt du Parlement de Rouen du 22 *juin* 1682, par un arrêt du Parlement de Paris du 26 *février* 1602, et par plusieurs sentences du *bailliage de Bourges*, dont la dernière est du 26 juin 1724. Cette jurisprudence fut formellement réprouvée par Pothier et Renusson.

La séparation était prononcée sous l'ancien droit pour les causes qui donnaient lieu, en droit romain, à la restitution de la dot durant le mariage. C'était, comme le dit Pothier, l'écho du droit romain qui se prolongeait jusque dans nos coutumes. Les circonstances dans lesquelles la séparation pouvait être demandée étaient multiples, mais elles se rattachaient toutes à l'idée de sauver la dot et les reprises de la femme du naufrage de la fortune du mari. Aussi les coutumes ne les énuméraient pas; la coutume de Bretagne disait, dans son art. 424 :

« *Les époux sont communs en meubles et acquêts jusqu'à ce que le mari soit trouvé mal usant de ses biens.*»

«*Les femmes,* disait en son article 291 la coutume de Tours, *peuvent renoncer aux meubles et acquêts du vivant de leurs maris, si lesdits maris tournent à pauvreté,* »

Suivant Lebrun, la force majeure n'était point une cause de séparation de biens; mais Pothier (60, 62, 72) combattait cette théorie et disait : qu'il n'est pas nécessaire que « le mauvais état des af- « faires du mari soit arrivé par sa faute et sa mau- « vaise conduite. » C'est cette dernière idée qui prévalut dans notre ancien droit.

La plupart des auteurs coutumiers ne considé- raient pas le défaut d'emploi par le mari, lorsque cet emploi lui était ordonné par le contrat de ma- riage, comme une cause suffisante de séparation de biens. Pothier nous dit : « Le défaut d'emploi n'est « pas seul un moyen pour la séparation, s'il ne pa- « raît du péril de la dot. »

La séparation portait une atteinte trop pro- fonde à la situation des époux pour que les cou- tumes ne cherchassent pas à la porter à la connais- sance des tiers. Comme l'ancien droit donnait géné- ralement un effet rétroactif au jugement de séparation, l'intérêt des créanciers du mari commandait la publication de la demande elle-même. Néanmoins, nous ne voyons que deux provinces, la Normandie et la Bourgogne, où des précautions fussent prises pour avertir les créanciers de la demande en séparation. La preuve du péril de la dot s'y faisait contradictoirement avec les créanciers du mari (Dijon, arrêt du 17 *juin* 1689).

Pour la publicité à donner au jugement, la coutume d'Orléans, art. 198, ordonnait que les *sentences de séparation fussent publiées en jugement, à jour ordinaire, le juge séant, et enregistrées en la juridiction dudit juge.* Le parlement de Rouen, par un *arrêt du 30 août* 1555, ordonna 1° que les lettres de séparation que la femme devait obtenir de la chancellerie fussent publiées à haute voix dans les places et les marchés; 2° que le mari et la femme remissent au procureur du roi la liste de leurs créanciers pour qu'ils fussent appelés en l'instance pour contester l'entérinement des lettres; 3° que les époux remissent au greffe un état détaillé de leurs meubles. Les coutumes de Dunois (58), et de Sedan (97), voulaient que la séparation fût annoncée au prône. L'ordonnance de 1629, art. 143, prescrivait l'affiche des noms des époux séparés au greffe des juridictions ordinaires, pour les pays où les coutumes n'exigeaient pas une publication plus solennelle. Le jugement de séparation,

pour être opposable aux tiers, devait être insinué,
aux termes *de l'édit de décembre* 1703 et de *la déclaration du* 19 *juillet* 1704, ainsi que l'a jugé la
cour suprême, 5 *novembre* 1811.

Nos anciens auteurs craignaient beaucoup que
les séparations ne devinssent, entre les mains d'é-
poux peu scrupuleux, un moyen de frustrer leurs
créanciers. Poulain Duparc disait : « Presque tou-
« tes les séparations sont collusoires entre le mari
« et la femme, à l'oppression des créanciers. » Et
Bourjon : « Les séparations sont presque toujours
« des épouvantails dont les débiteurs injustes se
« servent pour écarter leurs créanciers et mettre
« leurs meubles à couvert de la poursuite de ces
« derniers. »

Aussi les coutumes de Paris et d'Orléans, les
arrêtés de Lamoignon, exigeaient-ils que le jugement reçût une prompte exécution, mais sans mar-
quer de délai fixe pendant lequel elle dût avoir lieu.
Il n'y avait pas de texte qui donnât l'effet rétroactif au jugement de séparation; néanmoins telle
était la jurisprudence du Châtelet, attestée par Pothier (521).

La plupart de commentateurs des coutumes ne
permettaient pas à la femme séparée d'accepter la
communauté, ils croyaient que par son acceptation
elle reconnaissait que la communauté était prospère
et qu'elle n'avait sollicité la séparation que pour

frustrer les créanciers du mari. Quelques jurisconsultes, prévoyant le cas où la ruine du mari n'est pas complète, mais où sa dissipation est évidente, permettaient à la femme séparée d'accepter la communauté; c'étaient Pothier (520), d'Argentré, Lebrun et Denizart. La jurisprudence du Châtelet s'était également prononcée en ce sens, ainsi que le prouve un acte de notoriété du 17 juillet 1709.

Voyons maintenant quel était l'effet du jugement de séparation pour la capacité de la femme. Durant l'instance, on lui permettait généralement de faire saisir, arrêter et gager les meubles du mari avec permission du juge, ainsi que le prouvent les arrêts du parlement de Dijon *des 7 janv.* 1760, 6 *août* 1688, 19 *juillet* 1696.

Lorsque le jugement était rendu, les coutumes se montraient plus ou moins favorables à la femme et différaient beaucoup entre elles. Celles de *Dunois* et de *Sedan*, de *Montargis* et de *Chaumont*, du *Nivernais* (tit. 23, art. 67), permettaient à la femme de contracter et d'aliéner comme si jamais elle n'avait été sous la puissance du mari. Gousset disait sur la coutume de Chaumont : *Mulier exit extra potestatem viri; sui juris et legitima persona efficitur æque ac si vir naturaliter moriretur.* En Bourgogne on avait coutume, quand on prononçait une séparation de biens, d'autoriser la femme à contracter et à aliéner sans aucune autorisation. Mais si le jugement ne conférait pas ce pouvoir à la femme, celle-ci restait complètement soumise à la puissance maritale. L'art. 126 des *placités* de Normandie donnait à la femme la faculté de vendre et d'hypothéquer ses meubles présents et à venir de quelque valeur qu'ils fussent, et les immeubles acquis par elle depuis la séparation.

Dans la plupart des coutumes, l'on regardait la puissance maritale comme subsistant à la dissolution de la communauté par la séparation.

La coutume de Paris (234) et celle d'Orléans (196) défendaient à la femme séparée d'aliéner ses immeubles sans autorisation du mari, mais lui permettaient d'aliéner son mobilier et de s'engager indéfiniment sur ses meubles. Peu à peu la jurisprudence restreignit cette faculté qu'elle trouvait dangereuse pour la femme et limita cette double capacité aux seuls actes d'administration.

La femme séparée avait-elle droit aux gains de survie? Cette question fut différemment résolue aux diverses époques de l'histoire de notre ancien droit. Au XVe siècle, le parlement de Paris donnait le même douaire à la femme séparée qu'à la veuve. Ce droit fut plus tard réduit à un demi-douaire (*arrêt du 21 mars 1593*). Puis un *arrêt du 11 juillet 1616* refusa à la femme séparée le droit aux gains de survie : cette doctrine fut appuyée par Pothier. Les coutumes de Toulouse et du Lyonnais refusaient à la femme séparée son augment de dot, elle ne pouvait le réclamer qu'à la dissolution du mariage. Au contraire, les coutumes du Nivernais, du Maine et de Normandie accordaient formellement à la femme séparée le douaire entier.

Si le mari revenait à meilleure fortune, la femme pouvait, du consentement de son conjoint, rétablir la communauté. La coutume d'Orléans le dit formellement en son art. 199. *Si, après la séparation de biens entre homme et femme conjoints par mariage, les dits conjoints se rassemblent et mettent leurs biens ensemble, cessera l'effet de ladite séparation et rentreront en ladite communauté les meubles et acquêts immeubles, même ceux acquis pendant ladite séparation comme si elle ne fût advenue, demeurant néanmoins bon et valable tout ce qui a été contracté pendant la séparation.* La déclaration du rétablissement de la communauté devait être faite au greffe ou devant notaire.

Lorsque la séparation de biens était incidente, la seule réconciliation qui mettait fin à la séparation de corps rétablissait la communauté, si la femme ne protestait pas contre cette conséquence (Pothier, 525).

DE LA SÉPARATION SOUS LE CODE.

La séparation de biens, introduite dans nos coutumes à l'imitation de la restitution de la dot des Romains, devait être conservée par les rédacteurs du Code, car elle était nécessaire au régime de communauté qui venait d'être adopté comme le droit commun de la France.

Si le mari peut sous le régime dotal dissiper les revenus de la dot qui doit soutenir le ménage, sous le régime de communauté, seigneur et maître des biens communs, il peut à son gré dissiper et le revenu et le capital.

Devant des pouvoirs aussi exorbitants donnés au mari, il fallait à la femme un contrepoids, une sauvegarde ; il fallait qu'elle pût soustraire à un époux dissipateur ou malheureux son avenir et celui de ses enfants.

Aussi, dans les travaux préparatoires, ne fut-il jamais question d'écarter du Code une institution dont l'utilité était universellement reconnue. L'attention du législateur porta seulement sur les dangers que la séparation pouvait présenter sous certains rapports. C'est ce que prouvent les paroles de M. Berlier devant le conseil d'État :

« Le secours de la séparation dû à l'épouse mal-
« heureuse d'un dissipateur, ce secours dû sous le ré-
« gime dotal comme sous celui de la communauté, ne
« pouvait disparaître de nos lois ; mais il est du de-
« voir du législateur de rendre la fraude plus diffi-
« cile en appelant surtout la surveillance de ceux
« qu'elle peut blesser. »

Nous verrons comment le Code, coordonnant et
complétant les dispositions de nos coutumes, a limité
les cas où la séparation pourrait être demandée, et
de quelles formes protectrices des intérêts des tiers
il a entouré le jugement qui la prononce.

Nous étudierons ensuite les effets de la séparation sous les différents régimes de mariage et le
moyen pour les époux de revenir au statut primitif.

CHAPITRE PREMIER

DANS QUEL CAS LA SÉPARATION PEUT ÊTRE DEMANDÉE

L'article 1443 énumère les causes qui peuvent servir de fondement à une demande en séparation de biens. Elle peut être demandée lorsque la dot de la femme est en péril et lorsque le désordre « des affaires du mari donne lieu de craindre que les biens de celui-ci ne soient point suffisants pour remplir les droits et reprises de la femme. » Il faut traduire ainsi notre article : l'action en séparation pourra être intentée chaque fois qu'il y aura désordre des affaires du mari mettant en péril l'avoir actuel ou éventuel de la femme.

Étudions successivement les différents faits susceptibles de servir de base à une séparation de biens. Le péril de la dot donne, suivant l'article 1443, ouverture à la séparation de biens. Le sens du mot dot, dans notre article, embrasse tous les apports de la femme quels qu'ils soient ; ainsi, par exemple, les valeurs mobilières tombées en communauté.

Les pouvoirs de disposition donnés au mari sur les biens communs sembleraient ne pas permettre que leur dissipation servît de base à une demande en séparation. Mais il faut songer que la femme n'a apporté ses meubles, que la loi ne les a fait tomber en communauté que pour soutenir le ménage ; du moment où le mari, les dissipant sans aucun profit pour le ménage, fait craindre que la femme ne retrouve plus son apport à la dissolution, il faut les lui enlever et les restituer à son épouse qui s'en servira pour les besoins de la famille.

Les revenus des propres font partie de la dot dans le sens large que lui donne l'article 1540, aussi leur dissipation par le mari peut-elle servir de base à une demande en séparation. Mais ici j'exigerais l'adjonction de cette circonstance : que le mari par sa faute ou par ses malheurs soit hors d'état d'entretenir convenablement sa famille. Si la femme pouvait intenter son action par cela seul que le mari a entamé les revenus de ses propres, que deviendrait ce pouvoir si étendu de disposition qui est accordé au chef de la communauté par l'article 1421 ? Il ne pourrait s'exercer librement alors même que, ne touchant qu'aux revenus, il ne ferait naître aucune crainte pour le capital. Je crois avec la jurisprudence qu'il faut que la position de la femme soit critique pour permettre l'emploi d'un remède aussi radical que la séparation de biens ; la situation n'aura cette gravité que quand le mari ne pourra subvenir aux besoins du ménage, suivant l'obligation qui lui est faite par l'article 214 (*Cass.*, 28 *févr.* 1842 ; *Pau, 9 déc.* 1820 ; *Agen, 28 juin* 1832).

Le *Code prussien*, plus explicite que le nôtre, énonce formellement cette idée dans son article 256 : « Il y a lieu de prononcer la séparation lorsque le mari cesse d'être en état de procurer à sa famille l'entretien nécessaire que demande leur état. »

Il est indifférent de considérer quel emploi le mari a fait des revenus de la femme, quelles dettes ils ont servi à éteindre ; la seule question à poser est celle-ci : Le mari s'est-il mis dans l'impossibilité de soutenir la famille ? Si les dettes ont un motif légitime, une cause honnête, le mari n'en manque pas moins au premier de ses devoirs en laissant sa famille dans le dénûment. Il a reçu le droit de toucher les revenus des propres de sa femme, mais à côté de ce droit existe un devoir sacré pour lui, celui de pourvoir aux besoins de sa famille : c'est une dette qu'il doit acquitter avant toutes les autres (*Riom, 29 août* 1848. — *Cass.*, 17 *mars* 1847). Si les dettes éteintes avec les revenus de la femme avaient un motif répréhensible ou déshonnête, celle-ci, convenablement entretenue, ne pourrait demander la séparation, sans cela, elle s'établirait, comme disaient nos anciens, *censeur de son mari*, et, discutant sans cesse le motif de ses dépenses, entraverait complétement son administration.

La femme pourra demander et obtenir sa séparation de biens, même quand elle n'aurait rien apporté en se mariant, si elle a des talents, une industrie quelconque, qui lui offrent des ressources précieuses pour les besoins de la famille et dont il serait dangereux de laisser dissiper les produits par un mari prodigue ou négligent. Sa dot, ici, sont ses talents, son industrie, c'est quelquefois la plus précieuse dans un ménage. Aussi, la jurisprudence est-elle unanime pour conserver cette ressource à la famille (*Rennes*, 28 *nov.* 1820. — *Liége*, 23 *avr.* 1831).

Une femme n'a ni dot actuelle, ni industrie spéciale, mais elle a des espérances : la séparation de biens est-elle possible? Nous répondrons affirmativement avec la jurisprudence, bien que l'on ne puisse dire qu'il y ait péril de la dot, puisqu'elle n'existe pas; mais l'humanité a poussé tous les auteurs à sauvegarder par ce moyen les ressources futures de la famille (*Bordeaux*, 1er *mai* 1848. —*Colmar*, 11 *mai* 1836.)

Si la femme n'avait ni dot ni industrie spéciale, pourrait-elle faire valoir le péril que court entre les mains d'un mari prodigue ou malheureux sa part éventuelle dans la communauté? Je crois que oui, car si elle n'a rien apporté en dot c'est néanmoins grâce à son économie, à ses soins domestiques que la communauté a gardé les bénéfices faits par le mari. L'on peut dire sans trop forcer le sens des mots que la femme a pour dot ses vertus ménagères et l'on en compromettrait les avantages en lui refusant la séparation. (*Liége, 5 juin 1833.*) *Le Code de Hollande*, dans son *art. 211*, dit expressément que la femme peut demander la séparation, lorsque le mari, par son inconduite notoire, dissipe les biens de la communauté et expose le ménage à la ruine.

La femme peut demander la séparation lorsque ayant des droits et des reprises à exercer, le désordre des affaires du mari fait craindre que ses biens ne seront pas suffisants pour la payer de son dû. Il n'y aurait aucun danger pour les reprises de la femme si elles étaient garanties par l'hypothèque légale venant en premier ordre et assise sur des biens considérables. La femme peut faire entrer en ligne de compte dans sa demande en séparation toutes ses reprises même éventuelles, ainsi ses droits aux gains de survie (*Liége, 3 juillet* 1830).

Le mari qui a dissipé sa fortune, et qui se voit sous le coup d'une demande en séparation parce que les reprises de la femme ne sont plus garanties, peut-il y échapper en offrant le cautionnement d'un tiers? La Cour de Cassation a répondu négativement dans un arrêt du 27 *avril* 1847. Mais il faut remarquer que la Cour suprême donne cette solution parce que dans l'espèce, malgré le cautionnement offert, malgré les sûretés données pour la reprise de la dot par le père du mari, la mauvaise administration de ce dernier privait la famille des ressources qui devaient la faire vivre en ce moment. Mais nous ne pourrions approuver la doctrine qui tendrait à établir que la femme peut ne pas se contenter du cautionnement d'un tiers, si le mari subvient à tous ses besoins; car alors il n'y a nulle crainte possible soit pour les reprises, soit pour l'entretien de la famille.

Si la femme a épousé un homme pauvre et sans ressources, elle ne peut baser sur ce fait une demande en séparation; de quoi se plaindrait-elle? Elle a suivi la foi de son mari pour ses reprises: elle connaissait sa position; l'état de la famille n'est pas plus compromis que le premier jour de l'association conjugale (*Cass.*, 2 *juillet* 1851).

Si le mari est dissipateur, la femme peut demander la séparation, même lorsqu'elle a connu avant le mariage les funestes habitudes de son conjoint. Car elle n'a pu renoncer tacitement à son droit de demander la séparation, puisqu'une renonciation expresse eût été nulle comme contraire à la morale et à l'ordre public.

Si le dérangement des affaires du mari provient des prodigalités et des dépenses excessives de la femme, celle-ci serait-elle fondée à intenter une demande en séparation de biens? Je crois qu'il faut permettre à la femme d'intenter son action, c'était au mari à arrêter ses folles dépenses ; s'il n'a pas su le faire, il ne doit pas conserver le sceptre de l'autorité domestique que sa faiblesse l'a rendu indigne de porter. C'était à lui à protéger sa femme non-seulement contre les tiers, mais contre elle-même ; il devait lui rappeler ses devoirs si elle venait à les oublier, et il n'est pas recevable à opposer sa négligence pour repousser sa demande en séparation (*Angers*, 22 *fév.* 1828). Lorsque l'administration sera remise à la femme, l'on pourra pour éviter sa ruine complète, lui faire nommer un conseil judiciaire.

Il n'y a pas lieu, comme le dit Pothier (510), de distinguer si le dérangement survenu dans les affaires du mari, provient de sa faute, ou s'il a été produit par quelque événement de force majeure : une seule chose est à considérer, la dot est-elle en péril?

On s'est demandé si le défaut d'emploi, est une cause de séparation de biens, lorsque le contrat impose cette obligation au mari. Sous l'ancien droit, il est certain que cette faute du mari ne permettait pas de demander la séparation. « Le défaut d'emploi, « dit Pothier (511), n'est pas seul un moyen suffi- « sant pour la séparation. » Rien ne peut faire supposer que les rédacteurs du Code aient abandonné l'opinion de nos anciens auteurs, il n'y a du reste aucun texte sur lequel on puisse baser en ce cas la séparation.

Que décidera-t-on en cas d'interdiction judiciaire du mari? Y verra-t-on un motif de séparation de biens pour la femme? En demandant la séparation de biens la femme veut, si elle est tutrice, administrer ses biens en maîtresse et non pas en comptable; si elle n'a pas obtenu la tutelle, elle veut se débarasser de l'administration du tuteur qui exerce les droits de son mari. Mais de quoi se plaindrait la femme tant que le tuteur administre d'une manière sage, sur quel texte se baserait-elle pour intenter son action, alors que sa fortune ne court aucun dangers? (*Nîmes, 3 avril 1832*) (*Lyon, 20 juin 1845.*)

Je crois qu'il faudrait également rejeter une demande en séparation de biens qui serait basée sur l'état de contumace ou d'interdiction légale du mari, car dans les deux cas, le texte de l'art. 1443 est napplicable.

PAR QUI INTENTÉE?

La séparation ne peut et ne doit être demandée que par la femme; en principe, ses créanciers personnels ne doivent point la demander. Le législateur voulant avant tout protéger la paix et le crédit du foyer contre des attaques non justifiées des créanciers, ne leur a pas permis d'intenter l'action en séparation. Le remède de la séparation a toujours des conséquences fâcheuses pour la paix du ménage, il importait donc de ne point le laisser entre les mains de ceux chez qui l'intérêt parlerait seul et ne trouverait pas, comme chez la femme, un frein puissant, soit dans son affection pour son mari, soit dans son désir de conserver la paix dans la famille.

Le mari ne peut plus sous le Code demander la séparation, en se fondant sur les dettes de sa femme antérieures au mariage ; il devait les connaître et s'il ne voulait y contribuer en rien, se marier sous le régime de la séparation contractuelle.

Il y a-t-il des exceptions au principe que la femme seule peut demander la séparation, que faut-l dire, à cet égard, de ses créanciers, de ses héritiers ?

Les créanciers de la femme peuvent demander la séparation de son consentement. Mais celle-ci, une fois cette autorisation donnée, peut la retirer, sans avoir à leur rembourser les frais qu'ils ont pu faire. Elle leur a accordé une permission, et non pas donné un mandat, ce qui le prouve, c'est que personne ne met à la charge de la femme les frais faits par les créanciers en cas d'insuccès de leur demande.

Lorsque le mari est tombé en faillite, les créanciers de la femme peuvent exercer les droits de leur débitrice jusqu'à concurrence du montant de ses reprises. Il n'y a plus de précautions à prendre, plus rien à cacher, l'administration du mari est proclamée désastreuse, la situation de la communauté sera connue de tous.

L'art. 1446 accorde le même droit aux créanciers en cas de déconfiture du mari. Comme la déconfiture ne se manifeste pas par des signes aussi patents, aussi certains que la faillite, c'est aux tribunaux qu'il appartient de décider, suivant les faits, si le mari est déconfit (*Cass.* 21 *Mars* 1822).

Quelques auteurs pensent que la faillite du mari, donne naissance *ipso facto* à la séparation de biens, sans qu'il soit nécessaire que la femme la demande. Dans cette opinion, l'art. 1446 ne ferait que permettre aux créanciers de la femme d'agir conformément à un état préexistant. Nous ne pouvons admettre ce système; sans doute l'état de faillite sera une cause de séparation contre laquelle le mari ne pourra pas lutter. Le tribunal n'aura pas à se demander si la dot de la femme est en péril, puisque la déclaration de faillite est la constatation légale de la ruine du mari.

Si les articles 557 et suivants du Code de commerce parlent du *droit de la femme*, en cas de faillite, c'est qu'ils supposent qu'elle a demandé sa séparation, et non pas que la faillite l'entraîne de plein droit. Pourquoi le mari ne continuerait-il pas à exercer le mandat d'administrer les propres qu'il a reçus de sa femme ? le désaisissement enlève au failli l'administration de ses biens personnels, mais non des biens qu'il a mandat de gérer.

De ce que cet art. 1446 accorde aux créanciers de la femme le droit d'exercer les droits de leur débitrice en cas de faillite du mari, on en conclut que la femme a dû être séparée de plein droit. La conclusion n'est pas rigoureuse ; elle l'est d'autant moins que ce même article qui donne cette faculté aux créanciers de la femme dans le cas de faillite, leur donne la même faculté dans le cas de déconfiture du mari ; et alors l'argument prouve trop : car je ne sache pas qu'on put soutenir que la déconfiture du mari opère de plein droit la séparation de biens.

Lorsqu'il y a faillite ou déconfiture, les créanciers de la femme n'exercent ses droit que jusqu'à concurrence de leurs créances, mais ils les exercent d'une manière complète ; ils peuvent renoncer pour elle à la communauté et prétendre à tous les avantages qu'elle s'était ménagés en cas de renonciation.

La communauté n'est fictivement dissoute qu'à l'égard des créanciers demandeurs, elle subsiste réellement pour l'épouse et pour les créanciers de son mari ; aussi quand arrive la dissolution réelle, si la femme accepte, elle doit compter à la communauté la valeur des reprises qui ne devaient être exercées qu'en cas de renonciation et qui pourtant ont servi à payer ses créanciers personnels.

Les créanciers de la femme, qui ne sont pas en même temps créanciers du mari, peuvent-ils exiger la pleine propriété lorsqu'ils se paient sur les propres, après avoir obtenu la séparation?

Je crois qu'ils peuvent exiger la pleine propriété; ils agissent comme si la communauté était dissoute: de quel droit le mari viendrait-il réclamer la ojuissance, lorsque la loi suppose la dissolution consommée?

Du reste ces revenus ne feraient pas retour au ménage, mais seraient saisis par les créanciers du mari. A la dissolution réelle, la femme devra soit qu'elle accepte, soit qu'elle renonce, tenir compte à la communauté des revenus de ses propres perçus depuis la séparation; ce sont des biens communs qui ont servi à payer des dettes personnelles.

Les héritiers de la femme décédée pendant l'instance peuvent-ils reprendre la demande en séparation? Le triste état des affaires du mari est connu, la femme en intentant son action a proclamé son administration désastreuse; pourquoi donc arrêter les héritiers? En leur donnant le droit de continuer l'instance nous nous conformons à l'ancienne jurisprudence attestée par un arrêt du parlement du 18 mars 1740 et à l'axiome des jurisconsultes romains: *actiones semel inclusæ judicio salvæ perma-*

nent. Cette solution est appuyée par un argument tiré de l'art. 330, qui permet aux héritiers de reprendre l'instance en réclamation d'état, bien qu'en principe cette action ne soit point transmissible.

Quelle serait la marche à suivre dans le cas suivant : une femme est interdite, son mari est tuteur de plein droit aux termes de l'art. 506 ; il dissipe les ressources du ménage et met en péril la fortune de sa femme ? Le mari a deux qualités dont il faudra le dépouiller ; il est tuteur de son épouse et chef de la communauté. Deux voies sont ouvertes, entre lesquelles il faut choisir suivant les circonstances. Si l'on craint l'action du mari on lui enlèvera d'abord sa qualité de tuteur qui lui donne pouvoir sur les propres comme sur les biens communs. Le subrogé-tuteur convoquera le conseil de famille, qui destituera le mari de la tutelle et nommera un nouveau tuteur, lequel intentera au nom de la femme l'action en séparation de biens. Souvent les créanciers du mari seront plus à craindre que le mari lui-même ; on leur enlèvera le plus vite possible les biens de communauté. Le subrogé-tuteur intentera l'action en séparation au nom de la femme (*Paris,* 21 *août* 1841), puis provoquera la destitution du mari, s'il y a lieu.

Le mari ne pourrait pas opposer à la femme demanderesse en séparation de biens, une fin de non

recevoir basée sur ce qu'elle a quitté le domicile con-
jugal (*Angers*, 22 *février* 1828, *Poitiers*, 15 *août*
1836), soit sur ce qu'elle a échoué dans une demande
en séparation de corps.

CHAPITRE II.

DES FORMALITÉS DE LA DEMANDE EN SÉPARATION.

Formalités qui précèdent le jugement.

Le tribunal compétent est celui du domicile du mari; cette règle a ici une importance toute particulière, car les formalités protectrices des droits des créanciers manqueraient leur but, si elles pouvaient être accomplies devant un tribunal éloigné, où elles passeraient inaperçues. La nullité de l'instance fondée sur l'incompétence, peut être proposée par les créanciers du mari, nonobstant l'acquiescement de celui-ci (*Cass. 18 nov. 1835*).

La femme forme sa demande sans être tenue de passer par le préliminaire de conciliation (49 pro.) puisque l'acquiescement du mari serait nul. Mais toute demande en séparation de biens doit être autorisée par le président du tribunal. Ce magistrat doit faire à la femme toutes les observations qu'il jugera convenable; si la femme persiste dans sa demande il ne peut lui refuser l'autorisation nécessaire pour entamer la procédure. C'est le tribunal et non le président seul qui est juge de l'opportunité de la demande (*Lyon, 22 mars 1838*). Puisque la loi veut que le président fasse connaître à la femme toute la gravité de sa demande, il conviendrait qu'elle se présentât en personne dans son cabinet. Néanmoins il est d'usage que l'avoué présente la requête de la femme ; usage approuvé par un arrêt de la *Cour de Bruxelles du 7 mars 1832*. L'autorisation du président ne doit pas être renouvelée pour interjeter appel, elle est un préliminaire de procédure et ne remplace pas l'autorisation maritale puisqu'elle ne peut être refusée.

La requête de la femme contiendra les moyens de la demande et même le détail de ses reprises, afin qu'elles puissent lui être adjugées par le jugement qui prononcera la séparation. La femme, après avoir obtenu l'autorisation du président, signifiera la copie de sa requête à son mari avec assignation devant le tribunal. Lorsque le mari est en état de faillite, il faut assigner les syndics d'après la règle de l'article 443 du code de commerce.

Le code, pour avertir les tiers du changement qui va s'opérer dans le régime d'association conjugale des époux, a organisé un système complet de publicité, auquel il a soumis la demande en séparation.

Dans les trois jours de la demande en séparation, l'avoué remettra au greffier du tribunal, qui inscrira sans délai dans un tableau placé dans l'auditoire, un extrait de la demande, contenant : 1° La date de cette demande; 2° la désignation des parties ; 3° la désignation de l'avoué constitué. Le délai de trois jours imparti à l'avoué, pour remettre l'extrait de la demande, est prescrit, à peine de nullité, l'article 869 visant toutes les formalités imposées par le code de procédure. Du reste, le jugement ayant un effet rétroactif au jour de la demande, la loi a dû vouloir avertir immédiatement les tiers du moment précis à partir duquel leurs droits pouvaient être anéantis. L'extrait de la demande est affiché également dans l'auditoire du tribunal de commerce, dans les chambres d'avoués et de notaires, et publié dans l'un des journaux qui s'impriment au lieu où siège le tribunal.

La nullité résultant de l'inobservation de ces formalités n'est pas couverte par la renonciation expresse ou tacite du mari ; car elle a été écrite en faveur de ses créanciers (*Riom, 9 juin 1800*). Mais elle peut-être opposée par le mari tant qu'il n'y a pas renoncé, d'après les termes exprès de l'article 869.

Le jugement de séparation de biens ne peut-être prononcé qu'un mois après l'accomplissement de ces formalités. De quelle manière se calcule ce délai ? Faut-il compter le jour où la dernière formalité a été remplie ? Je crois qu'il faut regarder le *dies a quo* comme un point de départ que l'on ne comprend pas dans le terme. Cette opinion est appuyée par le texte de l'article 25 de la loi du 22 frimaire an VII, sur l'enregistrement, et par les paroles du tribun Mouricault dans la discussion de nos articles : « Ce n'est qu'après l'observation de ces formalités et même encore après *l'intervalle d'un mois* que le tribunal peut rendre le jugement (*Cass., 5 avril 1825. — Caen, 4 août 1855*).

Durant le délai d'un mois imposé par l'art. 869, la femme peut prendre des mesures conservatoires dit l'art. 872 ; elle peut donc faire tous les actes qui tendront à lui conserver les droits dont elle pourrait jouir après le jugement de séparation.

Parmi les mesures conservatoires des droits de la femme, il faut ranger la saisie-arrêt des sommes dues à la communauté ou au mari ; la femme a un titre, c'est son contrat de mariage, sa créance doit être considérée comme exigible à dater de la demande, à cause de l'effet rétroactif du jugement de séparation. Elle est litigieuse, mais aucun texte ne défend au créancier litigieux de saisir-arrêter les sommes dues à son débiteur ; elle n'est pas liquide, mais le juge évaluera approximativement les droits de la femme. En ce sens, un arrêt de la cour de *Gand, du 7 févr. 1851*, cassant un jugement du tribunal de *Termonde* et un arrêté de la cour de *Caen, du 10 mars 1825*.

Il faut encore accorder à l'épouse demanderesse en séparation, le droit de faire apposer les scellés sur les effets de la communauté, pour arriver à un inventaire. Ce droit, écrit dans l'art. 270, pour la femme demanderesse en divorce, doit être étendu à notre cas. Sans doute le divorce et la séparation de biens ont des effets et des résultats différents, mais ils ont un but commun, c'est la dissolution de la communauté. C'est pour empêcher que le mari irrité ne cherche à détourner les effets de la communauté qui va se dissoudre que l'article 270 a accordé ce droit à la femme. Du reste il faut éviter, à tout prix, la spoliation de la femme durant l'instance, et souvent l'apposition des scellés sera le seul moyen de prévenir les détournements du mari (*Bruxelles*, 8 mai 1807).

Il me semble difficile d'accorder à la femme le droit de demander le sequestre des biens de la communauté. Une mesure aussi rigoureuse, qui enlève au mari la garde comme la disposition des biens communs, devrait s'appuyer sur un texte formel, et l'art. 1861 qui spécifie limitativement les cas dans lesquels le sequestre peut être ordonné, ne saurait s'appliquer ici (Bordeaux, 6 février 1850).

Ces mesures conservatoires ne peuvent porter que sur les revenus postérieurs à la demande, tous les revenus antérieurs étant définitivement acquis au mari; l'autorisation de prendre ces mesures doit être donnée par le tribunal en connaissance de cause, Cass. 30 juin 1807.

La femme peut faire citer son mari devant le tribunal pour obtenir une provision alimentaire, lorsque celui-ci ne lui fournit pas les aliments nécessaires, ou pour obtenir de quoi satisfaire aux frais du procès.

La femme mineure pourra intenter l'action en séparation avec la seule autorisation du président, sans qu'il soit nécessaire de lui nommer un curateur (Bordeaux, 1er juillet 1806).

La demande en séparation doit être communiquée au ministère public, en vertu de l'article 83 du code de procédure civile : « Seront communiquées les causes des femmes non autorisées. » Il n'était donc pas nécessaire que l'article 879 s'en expliquât d'une manière formelle.

La séparation s'instruit comme toute affaire civile, néanmoins l'aveu du mari ne peut jamais servir de preuve, quand même il n'y aurait pas de créanciers; c'est une conséquence de la prohibition des séparations volontaires.

DE LA PROHIBITION DES SÉPARATIONS DE BIENS VOLONTAIRES.

La séparation de biens ne peut s'opérer, durant le mariage, par le consentement mutuel des époux.

La loi attache trop de prix à l'immutabilité du contrat de mariage, pour permettre aux époux d'y déroger dès qu'ils en auraient le désir et sans aucune restriction. Le législateur a surtout prohibé les séparations volontaires, parce qu'il craignait qu'elles ne fussent frauduleusement concertées entre les époux pour priver les créanciers du mari d'une partie de leur gage. Il y a une troisième raison de cette prohibition, il ne fallait pas donner aux époux le moyen de se faire indirectement des avantages défendus par la loi.

On voit, d'après les motifs de cette prohibition, qu'elle est une règle d'ordre public; aussi, la nullité édictée par l'article 1443 est absolue, a lieu de plein droit, et peut être invoquée par tout intéressé.

Une séparation volontaire a eu lieu, le mari a fait à sa femme la remise de sa dot; celle-ci pourra-t-elle réclamer de nouveau ses reprises à la dissolution réelle de la communauté?

La femme, même lorsqu'elle a donné quittance à son mari de la réception de la dot, pourra la lui redemander de nouveau. Cette remise volontaire de la dot effectuée par le mari n'est que l'exécution d'un acte nul de plein droit qui doit être nulle comme lui. C'est un paiement fait à une incapable, la femme ne pouvant recevoir sa dot s'il n'y a séparation ou dissolution.

La femme est en faute, il est vrai, elle s'est prêtée à l'accomplissement d'un acte que la loi réprouve ; mais le principal coupable n'est-il pas souvent le mari, qui a arraché la quittance d'une remise de dot qu'il n'effectuera jamais.

La femme aura le droit de réclamer, à la dissolution effective du pacte matrimonial, les reprises que comporte son contrat de mariage, sans tenir compte au mari de la restitution de la dot qui lui a été faite par anticipation. A cette règle, il faut adopter un tempérament commandé par les principes généraux sur les paiements faits aux incapables (1421). La femme, en agissant contre son mari, devra lui tenir compte des valeurs qu'elle a réellement reçues et qu'elle n'a pas dissipées. Et c'est l'application de ce principe qui a été faite par la cour de Lyon, dans son arrêt du 17 juillet 1830, cité par nos adversaires, et qui ne résout pas la question dans leurs sens, comme ils semblent le dire ; car la cour avait jugé en fait que le trousseau avait été retiré par la femme *et qu'il avait tourné à son profit* (*D. rec. per.* 1832. *Grenoble*, 28 *août* 1817).

On ne peut pas dire qu'il y ait séparation volontaire lorsque le mari ayant fait appel d'un jugement qui prononçait la séparation contre lui, ou ayant formé opposition à un jugement rendu par défaut, s'est désisté de son appel ou de son opposition.

L'opposition ou l'appel n'ont pas anéanti le jugement primitif, ils ont seulement annoncé de la part du mari l'intention de l'attaquer. Si le désistement arrive tant que le jugement n'a pas été réformé, c'est comme s'il n'avait pas été attaqué (*Cass.*, 29 *août* 1827 — *Lyon*, 27 *mai* 1829).

FORMALITÉS QUI ACCOMPAGNENT ET SUIVENT LE JUGEMENT.

Le jugement prononçant la séparation de biens produit les effets les plus graves, aussi la loi a-t-elle pris les précautions les plus minutieuses pour qu'il fût connu des tiers. La communauté est dissoute, les pouvoirs du mari sont amoindris; l'incapacité qui, naguère, pesait sur la femme, a disparu pour faire place à une capacité, sinon complète, du moins assez étendue. Les tiers doivent être avertis des modifications profondes que le jugement a introduites dans la situation des époux, afin qu'ils puissent veiller à leurs intérêts.

Toute séparation doit, d'après l'article 1445, avant son exécution, être affichée dans l'auditoire du tribunal civil. L'article 872 du Code de procédure ajoute que le jugement sera lu et affiché dans l'auditoire du tribunal de commerce, même si le mari n'est pas commerçant; un extrait doit, en outre, être affiché dans les chambres d'avoués et de notaires.

L'inobservation des formalités prescrites par l'article 872 entraînerait la nullité de la séparation, bien qu'elle ne soit pas écrite dans l'article. C'est là un point unanimement reconnu par les auteurs et la jurisprudence; l'article 872 se référant à l'article 1445 qui prononce la nullité pour l'inobservation des formalités qu'il prescrit (*Caen, 15 juillet 1828*).

L'article 872 exige la lecture du jugement au tribunal de commerce du lieu, et plus bas l'affiche dans l'auditoire du tribunal civil du domicile du mari. Quel est le tribunal près duquel les formalités doivent être remplies? Est-ce le tribunal de commerce siégeant dans l'arrondissement du domicile du mari, ou bien est-ce le tribunal de commerce du lieu même où réside le mari, de sorte que, s'il habitait une autre ville de l'arrondissement, ces formalités seraient remplacées par l'affiche à la mairie de cette ville? Je crois que la première opinion est la vraie, et qu'il ne faut pas attacher d'importance à cette diversité d'expressions (*Rennes, 11 janvier, 1850 — Caen, 2 décembre 1851 — Bruxelles, 17 décembre 1830*). Si, dans l'arrondissement où le mari est domicilié, le tribunal civil exerce les fonctions du tribunal du commerce, l'affiche faite dans l'auditoire de ce tribunal ne serait pas suffisante; il faudrait, en outre, afficher l'extrait du jugement à la mairie du domicile du mari.

L'article 92 du tarif civil alloue un droit à l'avoué pour faire insérer dans un journal l'extrait du jugement de séparation. Aucun texte ne prescrivant cette formalité, son inobservation ne pourrait pas entraîner de nullité.

La nullité pour défaut de publicité pourra d'abord être opposée par les créanciers du mari et par ce dernier lui-même, car il faut étendre ici l'article 869. Si le mari peut opposer la nullité, il faut accorder le même droit à la femme, qui n'est pas plus coupable que lui. L'action en nullité durera trente ans. Elle s'exercera, pour les créanciers, par la voie de la tierce opposition. Les créanciers postérieurs au jugement non publié ont autant de droit pour l'attaquer que les créanciers antérieurs; car ils n'eussent pas traité aux mêmes conditions s'ils avaient connu la séparation.

EXÉCUTION DU JUGEMENT

L'exécution sérieuse et réelle du jugement de séparation est une condition de sa validité; quand la femme temporise, c'est que la dot n'était pas en péril et que les époux ont trompé les juges, afin d'enlever aux créanciers de la communauté une partie de leur gage. Déjà sous l'ancien droit on avait senti la nécessité d'une exécution immédiate, bien que la jurisprudence n'eût pas fixé de délai de rigueur. Les rédacteurs du code ont voulu que l'exécution fût effectuée, ou au moins commencée dans le délai de quinzaine.

Le délai de quinzaine, pendant lequel l'exécution doit être commencée, d'après l'article 1444, part de la prononciation du jugement, et non pas de sa signification ; sans cela la femme, en apportant du retard à le faire signifier, allongerait à son gré le délai. Ce délai étant fort court, la jurisprudence admet que l'on peut exécuter de suite les jugements de séparation rendus par défaut sans que l'on doive attendre l'expiration des huit jours durant lesquels l'exécution est suspendue, d'après l'article 155 du Code de procédure (*Toulouse, 25 août 1827 — Amiens, 19 février 1824*). Le délai de quinzaine doit, à raison de sa brièveté, recevoir l'augmentation pour cause de distance, lorsque le mari est domicilié à trois myriamètres ou au-delà du lieu où le jugement a été rendu.

Quelques auteurs ont pensé que ce délai de quinzaine avait été porté à un an par l'article 872 du code de procédure. Quand le législateur veut déroger à une loi antérieure, il le déclare expressément, et il l'eût fait ici ; sans doute il y a quelque chose à reprocher à la rédaction équivoque de l'article 872, mais une faute de rédaction ne peut servir de base à l'abrogation d'un texte formel (*Cass.*, 11 *juin* 1833).

L'article 872 ne permet l'exécution qu'après l'accomplissement des formalités de publicité qu'il impose.

On s'est demandé comment l'on pouvait concilier la prescription de l'article 1444 avec la faculté accordée à la femme séparée, dans l'article 174 du Code de procédure, d'attendre trois mois et quarante jours avant d'avoir à se prononcer sur l'acceptation de la communauté. Le législateur, en écrivant l'article 1444, avait supposé que, dans le cas de séparation, la femme répudierait toujours la communauté; aussi, n'avait-il point pensé au délai qui lui était nécessaire pour en connaître la composition. Les rédacteurs du Code de procédure, se souvenant qu'il y avait des cas où, malgré la séparation, la communauté pouvait être bonne, accordèrent à la femme séparée l'exception dilatoire pour faire inventaire et délibérer. La rédaction des deux articles ayant été faite à des points de vue différents, leur combinaison n'est pas des meilleures; néanmoins, ils peuvent se concilier. La femme qui acceptera la communauté aura soin, pour obéir aux prescriptions de l'article 1444, de faire de suite tous les actes d'exécution ne préjugeant pas son option. Quant aux actes qui ne peuvent se faire qu'après avoir pris une décision sur le sort de la communauté, elle sera en droit d'attendre jusqu'à ce qu'elle ait pris un parti, sans que cette interruption annule le jugement qu'elle a obtenu (*Bourges, 11 février 1823*).

Le jugement portant séparation peut être exécuté à l'amiable par le mari; on ne peut le soupçonner de collusion, car tôt ou tard les poursuites de la femme le forceraient à exécuter (*Poitiers, 4 mars 1830*). Mais il faut que la liquidation faite à l'amiable, comme l'exécution forcée, soit réelle. Le paiement doit être complet, autant que la situation le comporte; un délai accordé au mari qui pourrait s'expliquer sans mettre en doute la bonne foi des époux ne serait pas une cause de nullité (*Bordeaux, 11 août 1848*).

Cette liquidation amiable doit être effectuée par acte authentique. Le texte formel de l'article 1444 nous empêche de suivre la doctrine d'un arrêt de la cour de cassation, qui déclare valable l'exécution d'un jugement de séparation constatée par un acte sous seing-privé non enregistré (*Cass. 23 août 1825*).

Lorsque la femme ne peut obtenir le paiement de ses droits par les voies amiables, elle est forcée, d'après l'article 1444, de commencer immédiatement les poursuites. Quels seront les actes qui pourront être considérés comme un commencement de poursuites ?

Le législateur veut être certain que le jugement ne restera pas lettre morte, jusqu'à ce que les époux aient besoin de l'exécuter, pour frauder leurs créanciers. Aussi faut-il admettre en principe que tout acte annonçant, autant que les circonstances le permettent à la femme, l'intention formelle d'exécuter le jugement, satisfera à la prescription de la loi. La signification du jugement, avec commandement de payer le montant des condamnations, sera une exécution suffisante. Le commandement n'ayant d'autre but que de permettre les poursuites montre l'intention de les effectuer (*Cass.*, 6 *décembre* 1830).

Que penser de la signification du jugement isolée ou suivie d'une sommation de s'y conformer? La signification préliminaire indispensable de toute poursuite n'en est pas une elle-même, puisque l'art. 155 du Code de procédure prescrit que l'exécution des jugements rendus par défaut ne pourra avoir lieu que huit jours après leur signification. Du reste, la signification peut avoir un autre but que celui de permettre les poursuites, elle fait courir les délais d'appel et d'opposition. Mais je ne crois pas sortir de l'esprit de l'article 1444, en admettant que la signification du jugement serait une exécution suffisante, si la femme, par un autre acte utile, n'avait pu manifester sa volonté d'exécuter d'une manière plus formelle. Il en sera ainsi quand le mari aura failli et que la vente de ses biens sera actuellement impossible (*Cass.*, 27 *juin* 1842 — *Bourges*, 24 *mai* 1826). La sommation qui aurait suivi la signification du jugement n'en fera pas un acte d'exécution, car pour commencer les poursuites il n'en faudra pas moins un commandement.

Quand le mari ne possède aucun bien, la femme fera dresser un procès-verbal de carence dans la quinzaine, et le jugement aura reçu toute l'exécution possible (*Cass.*, 6 *décembre* 1830).

Lorsque le mari est tombé en faillite, la femme doit, pour exécuter le jugement, agir contre les syndics. C'est ce qui a été jugé par un arrêt de la cour de Bourges du 24 *mai* 1826. Cet arrêt décide en outre que la femme ne pourrait s'excuser du défaut de poursuites contre les syndics sur ce qu'ils n'avaient pas accepté leur mission ; car, dit l'arrêt, c'était à la femme à poursuivre leur acceptation, et en cas de refus à en faire nommer d'autres.

Lorsque le jugement de séparation est frappé d'appel, les actes de publicité ou d'exécution qui ont été faits dans la quinzaine de sa prononciation ne doivent pas être renouvelés après le jugement confirmatif. Il est de principe que le jugement confirmé reprend toute sa force, aussi les actes qui en sont la conséquence sont-ils vivifiés par l'arrêt confirmatif. Lorsque l'appel ou l'opposition frappe le jugement dans la quinzaine et avant l'exécution, ce délai doit être reporté après la confirmation.

L'article 1444 veut que les poursuites se continuent sans interruption. — Mais quand il y aura interruption entraînant nullité? c'est une question de fait : on trouve sur ce point des arrêts nombreux qui semblent se contredire, mais ce sont là des arrêts d'espèce, qui ont été rendus d'après les circonstances de chaque cause. C'est ainsi qu'il a été jugé qu'il n'y avait pas interruption dans le sens de la loi, quand l'acte qui avait fixé les reprises avait été passé plus de trois mois (*Bordeaux*, 16 *août* 1838) et même onze mois après le commencement des poursuites (*Cass.*, 2 *mai* 1831); parce que ces retards se trouvaient justifiés par les difficultés que la femme avait rencontrées.

La séparation non exécutée régulièrement est nulle, dit l'article 1444, de sorte que la nullité s'attaque à toute l'instance et même à la demande; un nouveau jugement intervenant sur la demande primitive serait nul (*Cass.*, 11 *juin* 1823). Cette nullité peut être invoquée par les créanciers du mari, puisque c'est pour les protéger qu'elle a été inscrite dans la loi. Néanmoins, lorsqu'il y aura eu exécution tardive, les créanciers postérieurs à cette exécution ne pourront se prévaloir de la nullité; l'exécution irrégulière n'ayant pu être faite en fraude de leurs droits, puisque ces droits n'existaient pas encore. (*Cassation belge*, 13 *mai* 1839 — *Liége*,

4 juillet 1838 — *Colmar*, 26 *décembre* 1826).

Les créanciers antérieurs aux actes d'exécution tardive, qui y ont concouru, ne peuvent se prévaloir de la nullité; leur concours est une renonciation tacite *(Douai, 19 août 1840)*. Le mari peut-il invoquer la nullité écrite dans l'article 1444? L'article 869 du Code de procédure lui donne ce droit lorsque les formalités de publication du paiement n'ont pas été remplies. Pourtant, dans cette hypothèse comme dans la nôtre, la nullité est relative et n'est écrite que pour protéger les créanciers. Il n'y a rien qui nous permette de croire que la loi ait voulu établir une différence sous ce rapport entre le défaut de publicité et l'insuffisance d'exécution. Du reste, le mari peut invoquer la nullité sans exciper de sa collusion; il soutiendra que la femme n'a pas exécuté parce qu'elle s'est repentie, et que ce repentir, lui étant acquis, rend à celle-ci le retour impossible à la séparation *(Amiens, 19 février 1824 — Bordeaux, 17 juillet 1833 — Paris, 24 février 1855)*.

Il faut accorder à la femme comme au mari le droit d'invoquer la nullité, car il doit y avoir réciprocité; en supposant que la séparation soit le résultat d'un concert frauduleux, les deux époux sont également coupables. Mais ni le mari, ni la femme ne pourront invoquer la nullité lorsqu'ils auront pris part aux actes d'exécution tardive, car ils ont renoncé tacitement au droit de se faire déclarer communs, en vertu de l'article 1444 (*Poitiers,* 4 *mars* 1830. — *Limoges,* 25 *févirer* 1845).

Les époux pourraient-ils opposer aux tiers la nullité résultant du défaut d'exécution du jugement de séparation? Oui, s'ils n'ont exécuté en rien le jugement, alors ils sont fondés à soutenir que maîtres de se désister de la séparation, ils l'ont abandonné pour revenir à leur contrat de mariage. Les créanciers n'ont pas à se plaindre, rien ne leur était plus facile que de s'assurer si le jugement avait été exécuté (*Rouen,* 9 *novembre* 1836).

La nullité de l'article 1444 n'est pas une simple nullité de forme, aussi n'est-elle pas couverte lorsqu'elle n'est pas invoquée *in limine litis,* elle peut être présentée pour la première fois en appel.

Quel est le délai accordé aux créanciers pour exercer l'action en nullité de l'article 1444? Sera-ce le délai d'un an, conformément à l'article 873 du Code de procédure? Non, l'article 873 est inapplicable ici; car, comme le dit très-bien un arrêt de la cour de cassation du 13 *août* 1828, « l'article « 873, en établissant une fin de non recevoir contre « la tierce opposition des créanciers après le délai « d'un an, laisse entière l'action résultant de l'ar- « ticle 1444. » Du reste, l'article 873 prévoit expressément le cas où toutes les formalités ont été remplies (*Bourges,* 15 *février* 1825).

Sera-ce le délai de dix ans, d'après l'article 1304 du Code Napoléon? Non, car cet article est seulement applicable quand il s'agit de la nullité des conventions, d'après ces termes exprès.

Le délai sera de trente ans ; c'est le droit commun, et nous ne voyons rien ici qui puisse faire exception au principe d'après lequel toutes les actions se prescrivent par trente ans. Sur quel texte s'appuierait-on pour soutenir qu'ici la nullité existe de plein droit et que les créanciers pourront à toute époque agir comme si le jugement de séparation n'existait pas.

DES DROITS DES CRÉANCIERS DU MARI

Les créanciers du mari peuvent, sans intervenir, demander, en tout état de cause, communication de la demande et des pièces justificatives des prétentions de la femme. (871 Proc.) Ils peuvent toujours intervenir pour la conservation de leurs droits; ils demanderont à prouver soit que les périls invoqués par la femme sont imaginaires, soit que la liquidation qui a suivi la séparation est faite en fraude de leurs droits.

Les créanciers ont en outre la tierce opposition contre le jugement de séparation prononcé et même exécuté en fraude de leurs droits. Ce droit des créanciers, qui avait été proclamé par l'article 1447, fut restreint par l'article 873 du Code de procédure. La tierce opposition, *lorsque toutes les formalités seront remplies*, ne peut plus être intentée après le délai d'un an, à dater de la publication du jugement de séparation. Passé ce délai, les créanciers ne sont plus admis à prouver le concert frauduleux des époux, à moins qu'il n'ait eu pour but de leur cacher l'existence du jugement, car alors toutes les formalités n'ont pas été remplies.

Lorsque les créanciers attaquent comme frauduleuse, non pas la séparation elle-même, mais la liquidation qui en a été la conséquence, le délai est-il d'un an, conformément à l'article 873, ou de trente ans ? Le principe est que la tierce opposition dure trente ans ; sous ce rapport, l'article 873 renferme une exception basée sur la publicité exceptionnelle que reçoit le jugement de séparation, et sur la nécessité de ne pas tenir longtemps en suspens l'état des époux. Le jugement postérieur fixant les reprises de la femme ou l'acte particulier de liquidation ne sont pas publiés et ne modifient pas l'état des époux ; aussi, ne voit-on pas de raison pour leur appliquer le délai de l'article 873.

Que décidera-t-on quand ce sera une clause de jugement de séparation qui aura fixé les reprises de la femme ? Nous maintiendrons notre solution, même dans ce cas, car la liquidation n'est évidemment qu'un chef accessoire du jugement qui peut en être détaché comme il arrive le plus souvent. Les deux actions en séparation ou liquidation sont, à raison de leur connexité, susceptibles d'être jugées simultanément, mais sont aussi complètement distinctes par leur nature et leur objet. La séparation dissout la communauté, restreint les pouvoirs du mari et augmente la capacité de la femme; la liquidation fixe seulement le chiffre des reprises de cette dernière. Si la liquidation avait été faite par acte séparé, les créanciers eussent joui du délai de 30 ans, il doit en être de même quand, par accident, le jugement s'est prononcé sur la séparation et sur la liquidation des droits de la femme. De la combinaison des articles de notre code, il résulte, du reste, que la clause du jugement prononçant la liquidation ne doit pas être publiée. (*Cass.*, 11 *novembre* 1835 — *Riom, 9 juin* 1845.)

CHAPITRE III.

EFFETS DE LA SÉPARATION DE BIENS.

« Le jugement qui prononce la séparation de « biens remonte quant à ses effets au jour de la de- « mande (art. 1445). » Comme l'acquiescement est impossible, il fallait un texte spécial pour donner lieu à la rétroactivité du jugement ; notre article a été écrit pour empêcher que la femme ne vît les successions ou donations mobilières qui pourraient lui arriver durant l'instance, perdues avec le reste de sa dot. Le jour de la demande où rétroagit le jugement est celui où l'exploit d'ajournement a été remis au mari, et non celui où la requête a été présentée au président ; le mari n'est averti légalement que par l'exploit.

Les conséquences de cette rétroactivité du jugement de séparation sont les suivantes : les successions mobilières échues à l'un des époux depuis l'introduction de la demande lui restent propres.

La femme peut se faire restituer à partir de cette époque les fruits de ses propres en en déduisant la portion nécessaire pour soutenir le ménage. Pourquoi ne pas appliquer la rétroactivité aux intérêts de la dot ? La femme ne doit pas recevoir préjudice des lenteurs de la justice ; si le mari avait perçu tout le revenu de l'année, de quoi vivrait la femme avant la prochaine récolte ? Certains auteurs objectent que le mari ne peut rendre la dot avant le jugement, mais il pouvait ne dépenser des fruits que ce qu'il fallait pour soutenir le ménage (*Bourges*, 29 *juillet* 1851 — *Châteauroux*, 27 *janvier* 1851).

Les dettes contractées par le mari depuis la demande n'obligent la communauté que dans la mesure du profit qu'elle en a retiré (*Bruxelles*, 11 *mars* 1842). Il résulte encore de la rétroactivité du jugement qu'il fera tomber les saisies de fruits ou intérêts des propres de la femme, pratiquées pendant l'instance, par les créanciers du mari (*Cass.*, 22 *avril* 1845).

L'effet rétroactif du jugement fait que la communauté étant sensée dissoute du jour de la demande, le mari doit être réputé n'avoir point eu, à partir de ce jour, de pouvoir sur la part de communauté appartenant à sa femme. Ceci est parfaitement vrai du droit de disposition, il est perdu pour le mari du jour de la demande, si la séparation est prononcée. Mais malgré l'effet rétroactif il faut lui accorder le droit d'administrer la communauté durant l'instance, puisque la femme ne reprend son droit d'administration que par le jugement qui la sépare.

La loi a supposé au mari ce droit d'administration durant l'instance, lorsqu'elle a accordé le droit à la femme de faire en ce moment des actes conservatoires (*Poitiers*, 21 *mai* 1823). Mais l'acte d'administration lui-même fait par le mari durant l'instance serait nul, si l'intention de nuire à la femme l'avait seule déterminé (*Riom*, 20 *février* 1826).

L'effet rétroactif du jugement de séparation est certain entre les époux; mais peut-il être opposé aux tiers? Pour les actes d'administration faits par le mari dans le but de nuire à la femme, ils ne peuvent être annulés, s'ils ont été passés avec des tiers de bonne foi, qui ont traité avec un mari resté capable, en principe, d'administrer la communauté.

Qant aux actes de disposition passés par le mari durant l'instance, ils seront annulés même à l'égard des tiers ; ceux-ci n'ont pu ignorer la demande que le code a entouré d'une si grande publicité à leur intention. Mais tant que la demande n'est pas publiée, les tiers sont présumés de bonne foi (*Cass.*, *22 avril 1845*).

Quelques auteurs ont cependant nié que l'effet rétroactif du jugement de séparation pût être opposé aux tiers avec qui le mari aurait traité durant l'instance. Mais alors pourquoi tout un système de publicité accompagnant la demande en séparation de biens? C'est pour que les tiers soient avertis et ne traitent plus avec le mari comme chef de la communauté.

Faut-il étendre à la séparation de biens accessoire, résultant d'un jugement de séparation de corps, l'effet rétroactif de l'art. 1445?

Cette question est des plus controversées : jusqu'à présent la jurisprudence a, dans presque tous ses arrêts, maintenu le principe de la rétroactivité de la séparation de biens accessoire, tandis que la doctrine s'est rarement écarté du principe de non-rétroactivité. Nous croyons devoir adopter cette dernière opinion, qui nous paraît plus conforme au texte de la loi.

L'art. 1445 (*in fine*) ne réglemente que la séparation de biens principale ; son texte, la place qu'il occupe dans le code semblent bien indiquer qu'il ne vise pas la séparation accessoire. Du reste, l'on comprend très-bien que le législateur ait mis une différence, au point de vue de la rétroactivité, entre la séparation principale et la séparation accessoire. La première suppose toujours un danger imminent de la dot, qu'il importe de circonscrire autant que possible. La séparation de corps ne suppose pas le danger de la dot, mais certains faits qui rendent la vie commune impossible ; le législateur n'a pas cru devoir en ce cas devancer la dissolution d'une communauté souvent excellente, il a seulement écrit, en faveur de la femme séparée de corps, l'art. 271, qui annule les aliénations ou obligations, touchant la communauté, effectuées par le mari durant l'instance, en fraude des droits de sa femme. Du moment que l'on applique l'art. 1445 à la séparation de biens accessoire, comme il est absolu dans ses termes, il faut admettre que la rétroactivité a lieu vis-à-vis des tiers, comme entre les époux. Cette rétroactivité, à l'égard des tiers, n'est certainement pas dans l'esprit de la loi ; sans cela elle eût fait publier la demande en séparation de corps, afin que les tiers connussent l'acte à partir duquel leurs droits pouvaient être anéantis.

Cette rétroactivité du jugement, au jour de la demande, n'est pas une chose toute naturelle comme semblent le croire nos adversaires; l'art. 1445 est une exception. Il est vrai qu'en principe, le demandeur qui gagne son procès doit être mis dans le même état que si justice lui avait été faite au jour de la demande. Cette règle est exacte, mais elle a pour base cette idée, que le demandeur ne doit pas souffrir de ce que son adversaire n'a pas acquiescé de suite à sa juste demande. Mais ici, pour la séparation de corps comme pour la séparation de biens, l'acquiescement étant impossible, d'après la règle que nous venons de citer, ce jugement ne rétroagirait pas ; si la rétroactivité existe pour la séparation de biens, c'est qu'elle est formellement écrite dans l'art. 1445. Est-ce que la femme qui demandait autrefois le divorce, avant la loi du 8 mai 1816, avait d'autres moyens de protéger ses biens, pendant l'instance, que ceux qui appartenaient à celle qui plaidait en séparation de corps? Et cependant le divorce n'avait pas d'effet rétroactif par rapport à la dissolution de la communauté qu'il entraînait. Est-ce que la séparation de corps, dans l'esprit des rédacteurs de notre code, pouvait avoir plus d'effet que le divorce lui-même, quant à la séparation de biens qu'elle amène accessoirement avec elle? La femme demanderesse en séparation de corps, si elle craint pour sa dot, formera une demande principale en séparation de biens; celle-ci aura un effet rétroactif, si elle a été entourée de toute la publicité voulue par la loi.

CAPACITÉ DE LA FEMME SÉPARÉE.

La femme séparée peut accepter la communauté ou la répudier. Même avant que l'art. 174 du Code de procédure ne se fût formellement prononcé sur ce point, presque tous les auteurs admettaient que les rédacteurs du code n'avaient pas enlevé à la femme séparée le droit d'accepter la communauté qu'elle avait fait dissoudre. Il est vrai que les paroles prononcées dans la discussion de notre chapitre par les orateurs du gouvernement, MM. Duveyrier et Mouricault, pouvaient appuyer le système contraire. Mais il faut ne voir là que des erreurs regrettables échappées à ces deux jurisconsultes; ils n'avaient pas songé que souvent une femme demande la séparation, lorsque la ruine du mari est imminente, bien qu'il reste à la communauté quelques économies.

La femme séparée a trois mois et quarante jours pour prendre parti sur la communauté; néanmoins il ne faut pas la mettre sur le même pied que la veuve, mais lui appliquer l'art. 1463. Selon cet article, « la femme séparée de corps qui n'a pas,

« dans les trois mois et quarante jours après la sé-
« paration de corps définitivement prononcée, ac-
« cepté la communauté, *est censée y avoir renoncé*,
« à moins qu'étant dans le délai, elle n'en ait obtenu
« en justice la prorogation contradictoirement avec
« son mari ou lui dûment appelé. » Si la femme séparée de corps, qui n'a pas pris de parti durant les
trois mois et quarante jours, est réputée renonçante, c'est parce que le mari est quasi-saisi des
biens communs et que la femme est de fait hors de
la communauté ; la loi suppose qu'elle veut garder
cette position, si elle ne manifeste pas de désir contraire durant le délai légal. Or, lorsque la communauté est dissoute par la séparation de biens principale, le mauvais état des affaires du mari permet
bien plutôt de supposer à la femme l'intention de
renoncer à la communauté.

Quel sera l'effet de l'application de l'art. 1463 à
la femme séparée de biens ? Il y aura cette différence entre la femme séparée de corps ou de biens
réputée renonçante et la veuve *réputée acceptante*,
que si toutes les deux sont restées trente ans sans
se prononcer, la première sera définitivement
étrangère à la communauté, tandis que la seconde
ne pourra plus la répudier.

Pour déterminer l'étendue de la capacité de la
femme séparée, il faut en bien comprendre le principe.

La séparation, en faisant disparaître le régime de mariage que les époux avaient choisi, anéantit les restrictions qu'ils avaient posées à la capacité normale de la femme, et la lui rend entière telle qu'elle est déterminée par les art. 215 et 217 du Code civil.

La loi confère à la femme mariée, dont la capacité n'a pas été restreinte par son contrat de mariage, l'administration de ses biens ; si telle est la mesure de la capacité de la femme séparée, il faut restreindre les pouvoirs, que nos articles lui accordent, aux nécessités de l'administration de ses biens.

Avant d'étudier les divers actes que la femme pourra faire, remarquons qu'elle ne reprend sa capacité que du jour du jugement ; il n'y a pas de rétroactivité sur ce point. Les actes faits par elle durant l'instance ne vaudront que si son contrat de mariage les admet. (*Paris*, 24 *nov.* 1865).

ACTES D'ADMINISTRATION.

La femme touchera elle-même ses revenus et ses capitaux ; sur ce dernier point, elle diffère du mineur émancipé qui ne peut donner valable décharge des capitaux qu'il reçoit. Pour exprimer cette différence, le code dit que le mineur a *la pure admi-*

nistration, tandis qu'il accorde à la femme la *libre administration* de ses biens.

Elle passera des baux à ferme et à loyer dans les limites de l'administration. Aucun texte ne vient fixer ici leur terme maximum à neuf années; mais cette restriction, ordinairement imposée aux administrateurs, doit être étendue à la femme séparée. Ce système a l'avantage d'éviter toute question de fait.

Elle peut poursuivre en justice le recouvrement de ses reprises contre son mari. Il est vrai qu'en principe elle ne peut ester en justice, même pour les actes relatifs à son administration, sans y être autorisée de son mari ou de justice; mais ici le jugement qui a prononcé la séparation l'a autorisée virtuellement à en poursuivre l'exécution. (Cass. 11 *avril* 1842 — Bourges, 25 *août* 1838 et 25 *février* 1840.)

ACTES D'ACQUISITION ET D'ALIÉNATION.

La libre administration étant la mesure de la capacité de la femme, il faut dire qu'elle ne pourra jamais acquérir ou aliéner à titre gratuit; ces actes ne pourront jamais rentrer dans les limites de l'administration, aussi large qu'on la suppose. Du reste, il y aurait des motifs de haute convenance, qui s'opposeraient à ce que la femme pût, à l'insu de son mari, aliéner ou recevoir à titre gratuit durant le mariage.

La femme ne peut, en principe, acquérir à titre onéreux sans autorisation ; l'art. 217 le lui interdit formellement. Mais cet article ne doit pas être entendu d'une manière absolue, et la règle qu'il énonce doit fléchir devant la nécessité que peut amener l'administration d'acheter des objets indispensables, tels que les instruments aratoires si la femme exploite elle-même.

Il est même des auteurs qui accordent à la femme le droit d'acheter seule des immeubles, si l'achat a pour motif un placement de fonds. Nous croyons que si l'on peut à la rigueur rapprocher le placement en immeubles des actes d'administration, il faut toujours y voir un acte plus grave que ceux qui sont ordinairement compris par la loi sous la désignation d'actes d'administration, et exiger pour son accomplissement l'autorisation maritale. Du reste, si le mari refuse son consentement, la femme pourra toujours s'adresser à la justice.

L'article 217 défend à la femme non autorisée l'aliénation à titre onéreux de ses meubles et de ses immeubles. Cette prohibition ne semble pas être applicable à la femme séparée pour le mobilier, car l'art. 1449 porte que la femme peut disposer de son mobilier et l'aliéner.

Puisque l'art. 1449 n'a trait qu'aux meubles, il

est indubitable que la femme séparée n'acquiert pas le droit d'aliéner ses immeubles sans autorisation. Il faut dire que la défense d'aliéner les immeubles les embrasse tous, ceux acquis depuis la séparation, comme les propres ou ceux qui proviennent de la communauté.

La femme ne peut même aliéner ses immeubles dans aucune de leurs parties, par exemple les futaies non mises en coupe réglée. (*Paris, 9 mai 1851.*)

Comment faut-il entendre la permission donnée par l'art. 1449, à la femme séparée, d'aliéner son mobilier? Sur ce point la jurisprudence a varié, et trois systèmes ont surgi à différentes époques. Nous les passerons en revue afin de montrer par quel ordre d'idées la jurisprudence a passé avant d'arriver à l'opinion admise aujourd'hui d'une manière générale.

Premier système. — D'abord, on s'était attaché uniquement à l'art. 1449, qui permet à la femme de disposer de son mobilier et de l'aliéner. Quant à l'art. 217, on le croyait sans influence sur la question. Aussi jugeait-on que la femme séparée de biens pouvait aliéner son mobilier d'une manière indéfinie. (*Cass.*, 16 *mars* 1813 et 16 *mai* 1819.)

Deuxième système. — Ce système annonce déjà une tendance à la conciliation de nos art. 217 et 1449.

On fit une distinction entre les aliénations directes et les obligations. On reconnaissait encore à la femme le droit absolu d'aliéner directement son mobilier d'une manière indéfinie; mais voulant donner une légitime satisfaction aux exigences de l'art. 217, on décidait en même temps que toute aliénation indirecte était défendue à la femme, à moins qu'elle ne rentrât dans la classe des actes d'administrations. (*Besançon, 31 janvier 1827 — Grenoble, 14 juin 1825 — Montpellier, 10 juin 1831.*)

Troisième système. — Ce système corrige l'art. 1449 comme la jurisprudence avait corrigé l'article 234 de la coutume de Paris, qui était tout aussi absolu en faveur de la femme. Il repousse la distinction, que le précédent système avait tenté d'établir entre l'aliénation directe et les obligations de la femme. Sans doute la femme peut se ruiner plus facilement, en contractant des obligations à terme dont elle ne comprendra pas la gravité ; mais, au fond, que fait la femme qui s'oblige sur son mobilier, sinon promettre de livrer dans l'avenir cette fortune mobilière dont elle a actuellement la libre et pleine disposition ? On ne peut, sans un texte formel, établir une différence entre l'aliénation directe et l'aliénation indirecte ; on ne peut la baser sur les dangers plus grands qu'offrirait cette dernière.

Il faut donc dire que la défense posée dans l'art. 217 reste dans toute sa force, et que l'aliénation directe ou indirecte du mobilier qui lui est permise par l'art. 1449 n'est qu'une conséquence de sa capacité d'administrer. Tout acte d'aliénation fait en dehors des nécessités de l'administration est donc nul. (*Cass.*, 7 *décem.* 1830, 3 *janvier* 1831.)

La femme ne peut hypothéquer seule ses immeubles, la loi ayant toujours regardé, pour une femme, l'hypothèque comme plus grave que l'aliénation. La femme peut-elle sans autorisation placer ses capitaux en rente viagère? Quelques auteurs adoptent l'affirmative, en soutenant que cet acte est un placement. Peut-on appliquer le nom de placement à cette sorte de spéculation, peut-on appeler acte d'administration l'aliénation que la femme fait d'un capital pour obtenir un équivalent dont le caractère est essentiellement aléatoire? (*Paris*, 13 *déc.* 1866.)

C'est par application de ces idées que la cour de cassation et la cour de Paris ont décidé que la femme séparée ne pouvait sans autorisation employer ses capitaux à des jeux de bourse. Car, comme le dit la cour de Paris, « ces opérations ne peuvent « être confondues avec les aliénations et disposi- « tions pour lesquelles la loi attribue capacité à la « femme séparée de biens dans les limites du droit « d'administrer; mais ..... constituent des actes de désordre et de dissipation. (*Paris*, 30 *nov.* 1860, *Cass.*, 30 *déc.* 1862.)

Faut-il accorder à la femme séparée le droit d'intenter seule l'action en partage d'une succession mobilière qui lui échoit? Nous croyons que, malgré la fiction de notre droit, qui a rendu le partage simplement déclaratif, il faut regarder cet acte comme trop grave pour être accompli par la femme sans l'autorisation maritale.

Le code, en défendant au tuteur, au mari administrateur des propres d'intenter seul l'action en partage des successions mobilières, a certainement montré qu'il voyait là un acte d'une gravité exceptionnelle qui sortait des bornes de l'administration. Si le partage avait lieu en justice, la femme ne pourrait s'y présenter sans autorisation ; comprendrait-on que pour un partage amiable qui manque de toutes les garanties du premier, elle pût l'effectuer seule ?

ACTES D'OBLIGATION PERSONNELLE.

L'obligation contractée par la femme n'est valable, comme l'aliénation de son mobilier, que si elle est commandée par les nécessités de l'administration.

Mais quand la femme se sera obligée dans les limites de l'administration, quel sera l'effet de cette obligation? Sera-t-elle exécutoire sur *les immeubles* comme sur les meubles?

Pour soutenir que l'obligation de la femme doit

être exécutée sur tous les biens même immeubles, on se fonde sur l'art. 20092, qui porte que toute obligation peut-être poursuivie sur tous *les biens mobiliers et immobiliers présents et à venir du débiteur.* Se servir de l'article 20092 pour résoudre la question nous semble constituer une pétition de principes, car cet article a en vue un contractant pleinement capable de s'obliger; or, précisément la question est de savoir si la femme capable de s'obliger sur ses meubles l'est également de s'obliger sur ses immeubles. L'obligation ne doit porter valablement que sur les biens susceptibles d'aliénation directe; elle ne pourra donc être exécutée que sur les meubles, puisque l'aliénation des immeubles est interdite à la femme séparée, même pour les besoins de l'administration. Du reste, il serait étrange que vis-à-vis de l'art. 1449, qui met une si grande différence entre les immeubles et les meubles sous le rapport de l'aliénation directe, on les mît sur le même pied pour l'aliénation indirecte que pour l'obligation.

La femme quoique séparée de biens ne peut ester en justice sans autorisation, et cela même pour les procès ayant trait à l'administration. La loi est formelle sur ce point; art. 215 : « La femme, quoique « séparée de biens, ne pourra ester en justice sans « l'autorisation du mari. » (*Cass.*, *13 nov.* 1834.)

La femme séparée de biens n'en est pas moins

soumise à la puissance maritale et aux devoirs qu'elle suppose, elle reste soumise à l'obligation de cohabitation et à celle de suivre son mari partout où il jugera à propos de résider.

La femme, dit l'art. 1448, doit contribuer à l'entretien du ménage, non pas dans une proportion fixe, mais d'après ses facultés et les besoins du mari; si le mari a tout perdu, elle supportera seule les charges matrimoniales. C'est entre les mains du mari que doit être versée, en principe, cette contribution; ce serait porter atteinte à cette autorité maritale que nous avons reconnue subsistant chez le mari après la séparation, que de permettre en règle générale à la femme de payer directement, jusqu'à concurrence de sa part contributoire, les créanciers du ménage. Le mari, comme le dit M. Demolombe, « doit tenir les cordons de la bourse puisqu'il est « le chef »

Si le mari dissipe sans aucun profit pour le ménage la part contributoire qui lui est fournie par la femme et laisse la famille dans le dénument et même dans la misère, le tribunal ne pourrait-il permettre à la femme de solder certaines dépenses indispensables, telles que les denrées, le loyer? Je le crois, j'admets que la femme paiera elle-même quelques dépenses de première nécessité, qu'elle serait obligée de payer plus tard de ses propres deniers si elle remettait au mari l'argent qui est destiné à les solder. Je ne puis admettre que la femme séparée puisse être autorisée par la justice à faire emploi de sa part contributoire entière, comme elle le voudra, sauf à donner une pension alimentaire au mari. (*Cass.*, 6 *mai* 1835.) Même après la séparation, le mari est le chef du ménage; si l'on veut faire cesser cet état, il faut intenter la séparation de corps, la femme la basera sur le défaut d'entretien qui sera considéré le plus souvent comme une injure grave. Le tribunal pourra ordonner que la femme séparée de corps pourra faire emploi de sa part contributoire entière pour l'avantage du ménage.

La femme séparée n'est assujettie à donner à son mari aucune garantie pour le paiement de sa part contributoire (*Poitiers*, 17 *fév.* 1842).

L'article 1420 est applicable même après la séparation; il déclare que le mari seul est obligé lorsque la femme a contracté sur sa procuration : c'est une des conséquences des principes du mandat applicable à tous les mandataires, à la femme séparée comme à la femme commune. Cet article suppose encore, toutes les fois que la femme a contracté dans l'intérêt du ménage, un mandat tacite donné par le mari; de sorte que ce dernier est seul obligé. Après la séparation, le mari restant le chef du ménage, il faudra supposer ce mandat tacite chaque fois que la femme aura contracté dans l'intérêt du ménage. La présomption écrite dans l'art. 1431, que la femme qui s'oblige solidairement avec son mari agit dans l'intérêt de celui-ci, doit être maintenue après la séparation, à cause de l'influence que le mari peut encore exercer sur elle. Lorsqu'elle aura payé, elle aura un recours *in solidum* contre son mari (*Paris, 20 juillet* 1833).

Quelques auteurs ont soutenu que la cause de suspension de la prescription écrite dans l'article 2256-2° disparaissait avec la séparation de biens. La prescription dans leur système court contre la femme séparée, même quand l'action est de nature à réfléchir contre le mari.

Pourquoi modifier l'art. 2256, qui est absolu dans ses termes? Du reste, les principes qui ont fait édicter cet article subsistent également après la séparation de biens. La femme séparée sera souvent pleine de compassion pour son mari malheureux et intentera peut-être moins vite que la femme commune une action qui réfléchirait contre lui.

DE LA RESPONSABILITÉ DU MARI QUANT A L'ALIÉNATION DES IMMEUBLES DE SA FEMME.

Le remploi est exigé pour la femme commune sous la responsabilité du mari; l'art. 1436 dit, en effet, que le prix du propre de la femme, aliéné, se prend sur la masse de la communauté et subsidiairement sur les biens du mari ; c'est que le mari est suspect, lorsque le prix de l'aliénation ne se trouve pas dans la communauté, d'en avoir fait mauvais placement ou même de se l'être approprié. La loi lui fait payer le prix du propre aliéné, lorsqu'il ne se retrouve pas dans la communauté ; cette lourde responsabilité est la contre-partie du pouvoir qu'il a dans le ménage.

Lorsque la séparation a été prononcée, la communauté ne vient plus absorber le prix des propres aliénés, il ne devrait plus exister de responsabilité pour le mari, lorsqu'il n'est pas fait un emploi de leur prix. Pourtant l'article 1450 établit cette responsabilité du mari dans certains cas. « Le « mari est garant du défaut d'emploi ou de remploi « du prix de l'immeuble que la femme séparée a « aliéné avec l'autorisation de la justice, à moins « qu'il n'ait concouru au contrat ou qu'il ne « soit prouvé que les deniers ont été reçus par « lui ou ont tourné à son profit. Il est garant « du défaut d'emploi ou de remploi, si la vente « a été faite en sa présence et de son consen- « tement. Il ne l'est point de l'utilité de cet em- « ploi. »

L'article était nécessaire, la responsabilité du mari devait exister même après la séparation ; dans les cas qu'il prévoit, le mari est soupçonné d'avoir fait aliéner les immeubles de sa femme afin d'en toucher le prix et de l'appliquer à ses affaires en désordre, ou à ses plaisirs.

L'emploi est l'application du prix du propre à un objet utile à la femme ou au ménage, qu'elle doit contribuer à entretenir. C'est la femme, puisqu'elle a l'administration, qui choisit l'emploi qu'elle désire ; si elle achète des immeubles, nous avons dit qu'il lui faut l'autorisation maritale. Le mari n'est pas garant de l'utilité de l'emploi qui est fait par la femme, c'est-à-dire qu'il ne répond pas de la différence qui existerait entre la valeur du propre et celle du bien acquis en remploi ou de la solidité du placement en valeur. Mais si c'est le mari qui a fait le remploi, il doit, conformément aux art. 1434 et 1435, faire agréer ce remploi par sa femme ; il est aux risques du mari avant l'agrément de la femme, mais dès que celle-ci s'est rendu le placement propre par son adhésion, le mari est déchargé de toute responsabilité (*Cass.*, 30 *août* 1863).

Il y a trois cas dans lesquels le mari est responsable du prix du propre aliéné, s'il n'en a pas été fait emploi. 1° Si la vente a été faite *en sa présence et de son consentement*. Faut-il exiger comme condition essentielle de la responsabilité du mari sa présence, de sorte que s'il avait consenti la vente, mais n'avait pas été présent au moment du paiement, il ne supporterait aucune responsabilité ? Non, le mari absent peut avoir mis un prix à son autorisation, ou même avoir extorqué de sa femme la somme qu'elle a reçue pour la vente de son propre (*Cass.*, 1ᵉʳ *mai* 1848).

2° Le mari est responsable du prix non employé, bien qu'il ait refusé d'autoriser sa femme, *s'il a concouru au contrat.* Dans ces deux cas la loi craint que le mari ne profite du prix non employé provenant du propre de sa femme ; ce n'est point parce que le mari s'est montré imprudent en n'exigeant pas l'emploi que la responsabilité de l'art. 1450 lui est imposée. Aussi peut-il toujours y échapper, en prouvant qu'il n'a pas touché les deniers du propre aliéné, mais que la femme en a fait un emploi quelconque, si mauvais qu'il puisse être.

3° Le mari est encore responsable du prix de l'immeuble aliéné, si la femme peut prouver qu'*il se l'est approprié.* Mais on ne pourrait pas dire que les deniers ont tourné au profit du mari lorsque la femme s'en est servie pour lui donner des aliments ou sustenter le ménage ; elle n'a pas fait une libéralité mais rempli un devoir ; elle doit, s'il ne reste rien au mari, soutenir seule le ménage. Quand même le mari reviendrait à meilleure fortune, les secours qu'il a reçus ne pourraient être regardés comme un gain, car jamais la répétition des aliments payés par ceux qui les devaient n'est admise. Vu l'état de dépendance de la femme durant le mariage, il lui aura été impossible de se procurer une preuve littérale de l'appropriation du prix par le mari ; elle pourra prouver par témoins, même si la somme dépasse 250 francs, que son mari a reçu tout ou partie du prix. Si au lieu de vendre son immeuble, la femme l'avait donné avec l'autorisation du mari, il n'y aurait pas lieu à remploi, puisqu'il n'y a pas de prix.

DES EFFETS DE LA SÉPARATION RELATIVEMENT AUX GAINS DE SURVIE.

L'art. 1452 dit que la séparation ne donne pas ouverture aux gains de survie. Pour mettre un terme aux hésitations de nos anciens auteurs sur ce point l'article est trop restreint en ce qu'il ne parle que des droits de survie de la femme ; le mari, contre qui la séparation a été prononcée, ne perd pas son droit aux gains de survie.

Mais les parties pourraient valablement déroger à notre article dans leur contrat et donner ouverture aux gains de survie, au cas de dissolution de la communauté par suite de la séparation de biens (*Cass.*, 26 *janvier* 1808 — *Limoges*, 6 *août* 1849).

Il n'y a rien dans cette clause de contraire à l'ordre public, souvent, même le but de la clause sera moral, il punira la mauvaise administration du mari, cause la plus fréquente des séparations de biens.

Ce gain de survie peut avoir deux caractères différents, il peut être une somme d'argent ou un bien déterminé, ou bien encore le droit de prélever une somme ou un bien sur la succession du donataire. C'est alors une institution contractuelle.

Dans le premier cas, la femme a un droit de créance; dans le second, une espérance sans aucun droit actuel, car elle n'aura rien si le donataire dispose de ses biens à titre onéreux. Aussi, dans le premier cas, la femme créancière peut, en vertu de l'art. 1180, prendre des mesures conservatoires, faire donner caution par le mari ; elle peut transiger et abandonner son droit moyennant une somme payée de suite. Dans le second, n'ayant qu'une espérance, elle ne peut se baser sur l'article 1180 pour prendre des mesures conservatoires, ni transiger sur son droit, ce qui serait un acte sur succession future, l'institution contractuelle étant une manière de disposer de sa succession.

CHAPITRE IV

DES EFFETS SPÉCIAUX DE LA SÉPARATION DE BIENS
SOUS LE RÉGIME DOTAL

Il est admis maintenant, par tous les auteurs, que la dot reste inaliénable après la séparation de biens; pourquoi cet événement mettrait-il fin à la protection dont on environne la femme sous le régime dotal? La cohabitation subsiste et avec elle tous les dangers que courent les biens dotaux par suite de la présence du mari. Telle était la doctrine ancienne, elle semble avoir été consacrée par les termes absolus de l'article 1554 ; il déclare formellement le fonds dotal inaliénable *durant le mariage*.

Si l'immeuble dotal reste inaliénable après le jugement de séparation de biens, il devient pourtant prescriptible; cette disposition bizarre, qui permet à la femme de compromettre par sa négligence un bien qu'elle ne pourrait aliéner directement, nous vient d'une fausse interprétation de la loi 30, au code *De jure dotium*, comme nous l'avons vu dans la première partie de ce travail. Quelques auteurs, choqués de cette bizarrerie, ont voulu la restreindre au seul cas où le tiers prescrivant ne tient pas ses droits des époux ; ils sont parvenus à faire dévier la jurisprudence en ce sens.

Lorsqu'un tiers s'est emparé du fonds dotal ou l'a acheté d'une autre personne que le mari ou la femme, le bien qu'il détient devient prescriptible par suite de la séparation ; cette application de l'article 1561 est admise par tout le monde. Seulement l'article s'exprime mal lorsqu'à sa règle il ajoute ces mots : « Quelle que soit l'époque où la prescription ait commencé », car il y a cette différence entre la possession antérieure au mariage et celle qui a commencé depuis, que la première, même sans la séparation, eût conduit le tiers à l'acquisition, tandis que la prescription, fruit de la seconde, ne peut prendre date que du jugement de séparation.

La jurisprudence a restreint la règle posée dans l'article 1561 au cas que nous venons d'étudier ; elle déclare qu'après la séparation l'action en nullité résultant de la vente faite par les époux du bien dotal, ne se prescrit pas, mais que le délai de dix ans nécessaire à sa prescription ne court jamais qu'à partir de la dissolution.

Nous ne pouvons être aussi absolu, et, au mépris

de toutes les traditions, sans texte qui les abandonne,
ne jamais faire courir la prescription de l'action en
nullité durant le mariage.

Pour étudier d'une manière complète cette question délicate, il nous faut envisager successivement
les différentes aliénations possibles du bien dotal :

1° Le mari a vendu seul l'immeuble dotal.

L'aliénation est radicalement nulle, la femme a
une action en revendication qui tombera seulement
devant une prescription du bien ayant duré dix,
vingt ou trente ans. Ordinairement le point de départ de cette prescription sera la dissolution du mariage, car, la plupart du temps, l'action de la femme,
si elle était intentée, *constante matrimonio*, réfléchirait contre son mari, et alors on se trouve en face
du texte formel de l'article 2256, qui ne fait courir
la prescription qu'après le mariage.

L'action de la femme réfléchira toujours contre
son mari s'il a reçu le prix, quand même il aurait
déclaré la dotalité, car même alors il serait tenu de
le restituer. Elle réfléchira encore contre lui, parce
qu'il sera responsable vis-à-vis des tiers lorsque la
femme aura reçu le prix avant la séparation, car elle
n'a pu le recevoir qu'en vertu d'un mandat du mari,
et elle est présumée lui en avoir tenu compte.

Mais si le mari, au lieu de vendre, avait donné seul
l'immeuble dotal, il ne serait pas exposé à des dom-
mages-intérêts de la part du donateur évincé; par

conséquent l'action que la femme intenterait contre celui-ci ne réfléchirait pas contre lui. L'article 2256 ne pouvant s'appliquer ici, la prescription doit courir au profit du possesseur dès le jour de la séparation.

2° La femme a vendu *seule* le bien dotal.

Elle n'aura pas la revendication, mais une action en nullité, prescriptible par 10 ans. Ici encore le point de départ sera la dissolution du mariage ; les termes de l'article 1304 nous semblent trop précis pour permettre l'opinion contraire. La femme, du reste, même après la séparation, est moralement impuissante à agir, car elle sera très-souvent retenue par la crainte de dévoiler à son mari un contrat passé au mépris de son autorité.

3° La femme a aliéné l'immeuble dotal avec l'autorisation de son mari.

Elle aura une action en nullité qui ne réfléchira pas contre son mari, car, par le fait de son autorisation, il ne s'est pas porté garant de la vente vis-à-vis de l'acheteur. Le point de départ de la prescription de cette action sera le jugement de séparation.

Nous ne pouvons, comme la jurisprudence, commenter le texte de l'article 1561 sans envisager son origine et les motifs qui l'ont fait insérer dans le code. Il n'est que la reproduction de cette règle admise dans tous les pays de droit écrit, que le fonds dotal devenait prescriptible dès que la séparation était prononcée. Quel était le motif de cette règle, c'était, tous nos anciens auteurs en font foi, parce que la femme pouvait agir après la séparation, que le fonds dotal devenait prescriptible à partir de cette époque. Tous les anciens auteurs, Bourdeau (sur Louet, lettre P), Dumoulin (sur la coutume d'Auvergne), Basnage, appliquent la prescriptibilité de l'immeuble dotal au cas où le tiers prescrivant tient ses droits des époux, comme au cas où il est un usurpateur.

La femme séparée pouvant agir contre le tiers détenteur, qu'il soit un usurpateur ou qu'il ait reçu le bien des époux, est punie, si elle néglige d'intenter son action, par la perte de son droit.

Cette corrélation entre les deux idées d'imprescriptibilité et d'impossibilité d'agir était certainement dans l'esprit des rédacteurs du Code au moment où ils ont écrit les art. 1560 et 1561. Le premier dit que la femme pourra intenter son action *révocatoire* dès que la séparation aura été prononcée, le second déclare aussitôt le fonds dotal prescriptible, à dater de la séparation.

L'article 1560 n'accorderait, suivant nos adversaires, à la femme, qu'une simple faculté, qui, non exercée, n'opérerait pas la déchéance de l'action en nullité ; la femme pourrait intenter dès le jugement de séparation son action en nullité, et, cependant,

cette action ne deviendrait prescriptible que vingt,
trente ans plus tard, à la dissolution du mariage.

Nos adversaires n'ont, du reste, aucun texte
qui puisse servir de base inébranlable à leur argu-
mentation; ils invoquent l'art. 2225; mais sans
faire attention que ce texte renvoie à l'art. 1561.
Il dit en effet : « Néanmoins elle (la prescription)
« ne court point pendant le mariage à l'égard de
« l'aliénation d'un fonds constitué sous le régime
« dotal, *conformément à l'art.* 1561. » L'art. 2225
se réfère à l'art. 1561 qui pose le principe de l'imprescriptibilité, il est vrai, mais qui vient y faire
une exception pour le cas de séparation de biens.
Donc, cet article 2225, invoqué par la Cour de
cassation, se retourne contre sa doctrine et devient
l'un des plus puissants arguments de notre système.

Si l'on doit, comme le dit M. Troplong, être toujours inquiet, quand on n'a pas pour soi la jurisprudence de la Cour suprême, on doit cependant
exposer les idées que l'on croit justes et basées sur
les véritables principes. Du reste, notre système
peut s'appuyer sur les plus grandes autorités juri-
diques, et l'une d'elles, M. Valette, a victorieu-
sement démontré sa supériorité dans un article de
la *Revue étrangère et française* (1).

La dot est inaliénable après la séparation de biens,

1. Tome VIII, p. 241.

mais ses revenus le sont-ils aussi? Pour résoudre cette question, avec tout le soin que nécessitent les controverses qu'elle a soulevées, il faut étudier séparément l'effet des engagements antérieurs à la séparation sur les revenus des biens dotaux, et ensuite leur effet quand ils sont postérieurs à la séparation.

Les engagements valablement contractés par la femme avant la séparation pourront être exécutés, après cet événement, sur la portion des revenus dotaux non nécessaires au ménage.

Ils ne pourront être exécutés sur la totalité des revenus, parce qu'ils ont une *destination obligée*, celle de soutenir la famille; si l'on permettait de les faire servir à un autre usage, la femme perdrait en partie l'avantage qu'elle doit avoir à être dotée. S'il était permis aux créanciers de la femme de saisir, pour les dettes étrangères au ménage, les revenus des biens dotaux, la dot serait frappée de stérilité pour la famille; le but du régime dotal ne serait pas atteint, si à mesure que les revenus entraient dans le patrimoine de la femme séparée, les créanciers venaient les saisir intégralement. Et même, si l'on admettait ce droit des créanciers, on arriverait, pour fournir des aliments à la famille, à devoir aliéner le capital de la dot, dont tous les fruits auraient été saisis.

Il ne faut pas dire pourtant que les revenus de la

dot sont inaliénables dans le sens propre de ce mot; car leur but même est de soutenir le ménage par leur aliénation. « Il y a, comme le dit M. Tro-
« plong, à l'égard des fruits des biens dotaux, une
« *destination obligée et non pas une inaliénabilité*
« *radicale.* »

En dehors de cette portion des revenus affectée aux charges matrimoniales, il faut donner aux créanciers de la femme, antérieurs à la séparation, le droit de saisir les revenus de la dot. Avant la séparation, il est vrai, la jouissance de la dot appartenant encore au mari à qui la femme l'a aliénée, ses engagements ne peuvent être exécutés sur aucune portion des revenus des biens dotaux. (*Parlement de Toulouse*, 1574; *Cass.*, 4 *nov.* 1846). Mais après la séparation, cette jouissance a passé du patrimoine du mari à celui de la femme; elle fait donc partie du gage commun de ses créanciers, même de ceux antérieurs à son entrée dans le patrimoine, conformément au principe de l'art. 2092 :
« Quiconque s'est obligé personnellement est tenu
« de remplir son engagement sur tous ses biens
« mobiliers et immobiliers, présents et à *venir.* »

Si la femme autorisée a pu valablement s'obliger avant la séparation, son obligation doit porter sur tous ses biens présents et à venir, sur ses paraphernaux et sur la portion disponible des revenus de la dot qui lui a été rendue. Le système contraire écarte les créanciers antérieurs à la séparation, sous le prétexte que les engagements contractés par la femme non séparée sont présumés avoir été pris sous l'influence de son mari. Mais quel texte peut servir de base à cette présomption? Aucun; et, si elle existait, il faudrait refuser tout effet à ces engagements; nous dirons avec M. Troplong : « Si l'engagement subsiste pour les paraphernaux, pourquoi pas pour la partie des revenus appartenant au superflu? »

Nos adversaires tombent dans une contradiction singulière ; s'il y a un excédant dans les revenus perçus par la femme après la séparation, elle pourra le dépenser en objets de luxe, en voyages d'agrément, et ses créanciers ne pourront le saisir pour se payer.

Quant aux engagements valablement contractés par la femme après la séparation, ils pourront être exécutés sur la portion des revenus de la dot, qui n'est pas nécessaire pour soutenir le ménage. La femme a pris en main l'administration de la dot, elle remplace le mari, sa capacité doit avoir la même mesure que la sienne. (*Caen, 20 juin 1855.*)

La dot mobilière arrive entre les mains de la femme, telle que nous la comprenons entre celles du mari, c'est-à-dire, aliénable dans les limites *strictes* de l'administration. Il faut dire avec MM. Aubry et Rau : « La femme, se trouvant substituée

« aux pouvoirs du mari en ce qui concerne l'ad-
« ministration de la dot mobilière, doit avoir la ca-
« pacité dont il était investi. »

La femme pourra donc aliéner les meubles dotaux pour les nécessités de l'administration, mais
toute aliénation qui sortirait de ces limites serait
nulle; la femme pourra revendiquer les meubles indûment aliénés, toutes les fois que la règle : *En fait de
meubles, possession vaut titre*, ne s'y opposera pas.

La femme, même séparée, ne pourrait renoncer à
ses créances dotales, ni subroger ou renoncer à
l'hypothèque qui les garantit.

La femme dotale séparée reprend la libre administration de sa dot, elle pourra donc exiger le remboursement de ses capitaux et de ses reprises dotales. Mais le pourra-t-elle sans être obligée de
justifier d'un emploi des fonds qu'elle devra toucher? Il y a des auteurs considérables qui croient
que la femme dotale est tenue de faire emploi des
capitaux qu'elle reçoit, sous la responsabilité des
débiteurs qui se libèrent entre ses mains.

Nous ne pouvons admettre cette opinion, parce
qu'elle ne se base sur aucun texte, pour imposer une
responsabilité énorme aux débiteurs de la femme
dotale. Du reste, cet emploi, auquel nos adversaires
forcent la femme sous la surveillance de ses débiteurs, serait une mesure illusoire; l'immeuble acquis
avec les deniers dotaux qu'elle vient de recouvrer,

ne sera pas dotal, il pourra donc être toujours aliéné avec la permission du mari. La protection que ce système invente pour la femme est donc bien faible. (*Cass.*, 11 *avril* 1842; — *Caen*, 18 *juillet* 1848. — *Cass.*, 23 *décembre* 1830. — *Pau*, 13 *juin* 1866. — *Nîmes*, 5 *décembre* 1859.)

Si le contrat de mariage n'a permis l'aliénation du bien dotal que sous la condition qu'il soit fait remploi de son prix, la femme séparée est tenue de faire emploi du prix de vente sous la responsabilité des tiers acquéreurs ; car le bien n'est aliénable que sous cette condition, et si elle fait défaut, l'aliénation est nulle. (*Agen*, 28 *mars* 1832.)

La femme sera encore tenue de faire emploi des deniers dotaux perçus par elle depuis la séparation, si le contrat de mariage contient l'obligation, pour le mari, de faire emploi des deniers dotaux qu'il pourrait toucher. Ce devoir doit être imposé à la femme lorsque la séparation est intervenue, elle succède à l'administration du mari et ne peut la prendre qu'avec toutes les conditions qui y étaient attachées.

Si la condition de remploi avait été imposée par un donateur en dehors du contrat de mariage, la responsabilité des tiers ne serait pas engagée, car ils ont pu ignorer cette clause particulière de la donation.

L'immeuble, cédé par le mari à sa femme séparée,

en paiement de sa dot mobilière, n'est pas dotal.
Quelques arrêts ont pourtant soutenu le contaire,
malgré le texte si formel de l'art. 1553 : « L'im-
« meuble acquis des deniers dotaux n'est pas dotal,
« si la condition de l'emploi n'a été stipulée par le
« contrat de mariage. »

Néanmoins, d'autres arrêts nombreux n'ont pas
refusé d'appliquer ici l'art. 1553. (*Poitiers,* 5 *juillet* 1839; *Riom,* 8 *août* 1843; *Grenoble,* 1er *juillet* 1840.)

Cet immeuble, reçu par la femme en paiement de
sa dot mobilière n'étant pas dotal, ne peut être inaliénable d'une manière absolue. Mais ne doit il pas
être chargé des deniers dotaux dont il est la repré-
sentation? pourrait-il être aliéné si leur conservation complète n'est pas assurée?

Quelques arrêts ont décidé que cet immeuble ne
pouvait être saisi si les créanciers ne garantissaient
à la femme qu'elle toucherait sur le prix le montant
intégral de sa dot mobilière. Cette jurisprudence
nous semble porter au-delà des bornes légales la
protection due à la dot mobilière. Si les créanciers
avaient saisi le bien chez le mari, la femme n'eût pu
leur demander qu'ils lui assurassent, avant la saisie,
le paiement de ses reprises, on lui aurait répondu
que son droit consiste seulement dans l'antériorité
de la collocation de sa créance sur le prix du bien.
Laisser subsister ce droit de préférence sur le prix

d'un bien qui est entré dans le patrimoine de la femme me semble déjà exorbitant ; aussi ne puis-je accorder à l'épouse séparée le droit d'exiger du créancier saisissant cet immeuble, qu'il consigne le montant de la dot mobilière ou s'engage à faire monter les enchères au moins au chiffre du capital et des frais privilégiés, pour que la femme ne soit pas en perte si le bien était vendu au dessous de ce prix.

L'art. 1450, relatif à la responsabilité du mari en cas de défaut d'emploi, est-il applicable au régime dotal ?

Je ne vois pas de motif pour ne pas étendre au régime dotal l'art. 1450, écrit, il est vrai, pour la communauté ; le mari est toujours là prêt à imposer son influence ; il faut redouter sous ce régime, comme sous celui de communauté, qu'il ne s'approprie les deniers provenant de la vente du bien dotal, lorsqu'elle est autorisée par le contrat de mariage.

L'art. 1450 doit être appliqué à la vente des paraphernaux ; il faut rendre le mari responsable du défaut d'emploi du prix des paraphernaux aliénés, parce que toutes les raisons qui ont fait écrire l'art. 1450 existent ici. Je dirai même que cette responsabilité du mari, pour le prix non employé des paraphernaux, doit exister avant comme après la séparation, parce qu'à l'égard de ces biens, la femme est toujours séparée contractuellement.

Mais en cas de vente des paraphernaux, les tiers

acquéreurs ne seraient pas responsables du défaut
de remploi qui aurait été ordonné par le contrat de
mariage. Cette clause insérée au contrat ne suffisant
pas pour constituer la dotalité d'un bien, il reste
aliénable sous la seule responsabilité du mari, s'il
n'est pas fait emploi. Cette obligation de remploi,
pour les paraphernaux, n'est qu'un simple mandat
donné au mari ; le paraphernal n'en reste pas moins
complétement aliénable vis-à-vis des tiers. C'est le
principe seul de dotalité qui peut faire militer
contre les tiers la clause d'emploi. (*Grenoble*, 20 *décembre* 1832.)

J'étendrais encore au cas de restitution de la dot,
par suite de la séparation de biens, la règle, toute
d'équité, de l'art. 1571, qui partage les fruits
produits par la dot, durant la dernière année, entre
les époux, proportionnellement au temps que leur
société a duré durant cette année.

Il serait souverainement injuste que l'un des
époux pût prétendre à tous les fruits de l'année,
parce que la demande en séparation aurait été formée peu avant ou peu après la récolte.

L'article 1565 n'est pas applicable en cas de séparation de biens; car si l'on accordait un délai au
mari pour restituer une partie de la dot, la séparation manquerait son but, qui est d'arracher au plus
vite la dot des mains du mari qui en compromet
l'existence.

Les frais causés par la demande de séparation peuvent être pris sur la dot de la femme, et le principe d'inaliénabilité doit fléchir en ce cas. Les frais faits en vue de la séparation n'ont d'autre but que la conservation de la dot ; il faut, comme toutes les dépenses indispensables à la conservation de la dot, les faire rentrer dans l'exception posée par le 4° de l'art. 1558. Cet article, en ne parlant que des grosses réparations faites à l'immeuble dotal, n'a voulu donner qu'un exemple de dépense nécessaire.

APPENDICE

Nous ne croyons pas qu'il faille permettre à la femme mariée sous le régime de la séparation de biens de demander la séparation de biens judiciaire ; elle trouve toutes les garanties désirables dans son contrat de mariage ; le mari ne peut mettre la dot en péril, puisqu'il n'y en a pas.

Si la femme craint que le mari ne dissipe la part contributoire, qu'elle lui remettrait pour l'entretien du ménage, elle pourra, comme si elle était séparée judiciairement, demander à la justice l'autorisation de l'appliquer elle-même à certaines dépenses éminemment nécessaires.

Quant aux reprises que la femme, séparée contractuellement, pourrait avoir à exercer contre son mari, il suffit qu'elle ait une action ordinaire pour

les exercer durant le mariage ; la séparation judiciaire ne lui apporterait aucun avantage sur ce point.
La séparation judiciaire augmenterait, il est vrai,
la capacité de la femme pour l'aliénation du mobilier ;
séparée contractuellement, elle doit être autorisée de
son mari ; *séparée judiciairement*, elle pourrait l'aliéner *seule*, dans les limites de l'administration (1449).
Mais il serait ridicule d'accorder à la femme, séparée contractuellement, le droit de demander la séparation judiciaire, uniquement pour lui permettre
d'augmenter sa capacité.

Il faudrait également interdire la demande en
séparation à la femme dotale, qui n'aurait que des
paraphernaux, car elle est sous tous rapports sem-
blable à la femme séparée contractuellement.

DU RÉTABLISSEMENT DE LA COMMUNAUTÉ.

La communauté dissoute peut être rétablie du
consentement des deux époux, exprimé dans un
acte passé devant notaires avec minute et affiché
suivant les prescriptions de l'art. 1445.

Cette règle est également vraie pour la séparation
de biens principale et pour celle qui n'est que la conséquence de la séparation de corps.

L'art. 1451 ne renvoyant qu'à l'art. 1445 au
sujet de la publicité de l'acte de rétablissement,
il faut décider que les dispositions de l'art. 872 C.

Pr. qui ont étendu celles de l'art 1415 sont ici inapplicables. On a objecté, il est vrai, que l'art. 872 était le complément de l'art. 1415; que le code Nap., en renvoyant à l'art. 1415, renvoie aussi implicitement à l'art. 872. Mais la cour de cassation, dans un arrêt du 17 juin 1839, a justement fait observer, dans ses considérants, que l'art. 872 en introduisant de nouvelles formalités de publicité ne les a prescrites que pour le jugement de séparation de biens et non pour l'acte qui la rétablit; que l'art. 872 se référant uniquement à l'art. 1415 ne mentionne point l'art. 1451. Connaissant les dispositions contenues dans l'art. 1451, comment les rédacteurs du code de procédure, s'ils avaient voulu comprendre dans les nouvelles conditions de publicité qu'ils organisaient le rétablissement de la communauté, ne l'auraient-ils pas expressément mentionné dans l'art. 872?

L'acte de rétablissement doit donc être authentique; Pothier nous donne le motif de cette règle : « Il fallait éviter, dit-il, les contestations qui pourraient s'élever sur la suffisance ou l'insuffisance des faits qui seraient allégués pour prouver le rétablissement de la communauté. » Ce rétablissement devient un acte *solennel*; l'acte authentique étant ici exigé *ad solemnitatem*, son défaut donnera naissance à une nullité absolue, qui pourra être opposée par tout intéressé.

L'article 1451 ne met pas sur la même ligne l'authenticité et les formalités de publicité, ces dernières ne sont pas exigées *ad solemnitatem*. Mais le législateur a cru que le rétablissement modifiait trop profondément l'état des époux pour qu'il ne fût pas porté à la connaissance des tiers. Les tiers seuls peuvent donc invoquer cette nullité écrite uniquement en leur faveur. Les époux ne pourront réclamer la position de conjoints séparés, lorsqu'ils auront précédemment manifesté l'intention de rétablir la communauté dans un acte authentique ; car ce serait leur permettre de se faire un droit de leur fraude. Comprend-on mieux que les époux puissent se faire une arme de ce moyen l'un contre l'autre? Pas davantage, car pour eux, dès qu'ils ont exprimé leur consentement devant notaires, leur communauté est rétablie. La publicité exigée par la loi n'est pas introduite en leur faveur, car elle ne leur est d'aucune utilité.

Quand la communauté est ainsi rétablie, elle reprend son effet du jour du mariage ; les choses sont remises au même état que s'il n'y avait pas eu de séparation : le législateur favorable au rétablissement de la communauté veut qu'il n'en reste aucune trace. Ainsi les acquisitions opérées pendant la séparation et les successions mobilières recueillies par les époux entrent en communauté. Mais les actes passés par la femme *medio tempore*, conformément à l'art, 1447, conservent toute leur valeur, les droits des tiers doivent être saufs. Du reste, le mari ne peut se plaindre que durant la séparation la femme ait agi en femme séparée. Tous les droits acquis méritent le même respect ; il est indubitable que la femme, de son côté, ne saurait faire rétroagir son hypothèque légale sur les immeubles que le mari aurait aliénés avant le rétablissement et à une époque où toutes les reprises avaient été payées.

Le rétablissement de la communauté étant un retour au contrat de mariage qui est immuable, il ne peut être pour les époux une occasion d'y faire quelque modification. Ils restent séparés ou rétablissent leur communauté, mais telle qu'elle était et sans altérer les bases sur lesquelles elle était fondée. Aussi notre texte déclare nulle toute convention par laquelle les époux rétabliraient leur association sous des conditions différentes de celles qui la réglaient antérieurement.

Si les époux avaient rétabli la communauté avec des conditions dérogeant au contrat de mariage, la clause illicite serait-elle réputée non écrite, ou l'acte qui met fin à la séparation serait-il annulé? Le rétablissement doit être annulé pour le tout, car l'article déclare nulle *toute convention* par laquelle les époux rétabliraient leur communauté sous des conditions différentes ; ce ne sont donc pas les conditions illicites qui sont annulées par l'article, mais la convention elle-même portant rétablissement de la communauté.

Du reste le législateur, tout en favorisant le retour au statut primordial, a dû vouloir que ce retour fût libre et dégagé de toute surprise ; or, en déclarant les clauses dérogatoires non-écrites, tout en maintenant la validité de l'acte lui-même, il eût imposé aux époux le retour à la loi primitive du mariage, en dehors des conditions qui souvent avaient été la cause déterminante de leur volonté de faire cesser la séparation.

— 142 —

POSITIONS.

—

DROIT ROMAIN.

1° La défense faite au mari de rendre volontairement la dot durant le mariage a son principe dans les lois *Julia* et *Papia Poppæa*, et non pas dans la prohibition de donner entre époux.

2° La loi 54, *de jure dotium*, tirée de Gaïus, ne fait pas allusion à un droit général qu'aurait eu dès ce temps la femme d'exercer un privilége sur les choses achetées avec l'argent dotal, comme si elles étaient dotales.

3° Dans la loi 7, § 13, *soluto matrimonio*, Ulpien donne deux décisions conformes à celles données par Javolenus dans la loi 18, *de fundo dotali*, et il n'y a pas contradiction entre ces deux lois et la loi 32, *de jure dotium*.

4° L'action *rei uxoriæ* n'est pas seulement de bonne foi, elle est encore *arbitraire*.

5° Le mari qui, sur la délégation que sa femme

lui a faite d'un de ses débiteurs pour se constituer une dot, stipule de ce dernier qu'il lui paiera ce qu'il devait à celle-ci, ne court les risques de l'insolvabilité du délégué que s'il a été négligent, ou s'il a volontairement assumé cette responsabilité.

6° La restitution anticipée de la dot peut être valablement opérée par le mari, à l'effet de payer les dettes de la femme, quoique celle-ci ait d'autres biens au moyen desquels elle pourrait satisfaire ses créanciers.

7° Ce n'est point la loi *Julia* qui a défendu au mari d'hypothéquer le fonds dotal, même avec le consentement de la femme, cette prohibition a été établie sous l'influence du sénatus-consulte velléien.

DROIT FRANÇAIS.

I. — Droit civil.

I. La femme ne peut baser sa demande de séparation sur l'interdiction judiciaire de son mari.

II. La séparation de biens résultant accessoirement du jugement qui prononce la séparation de corps n'a pas d'effet rétroactif, soit à l'égard des tiers, soit entre les époux.

III. L'exécution de l'obligation contractée par la femme séparée, dans les limites de son droit d'administration, ne peut être poursuivie que sur ses meubles.

IV. Sous le régime dotal, les tiers avec lesquels la femme autorisée a contracté avant la séparation de biens peuvent, après qu'elle est prononcée, poursuivre ses engagements sur la part des revenus dotaux non nécessaire au ménage.

V. Lorsque, par une convention régulière en la forme, les époux rétablissent la communauté sous d'autres conditions que celles primitivement adoptées, la loi frappe de nullité non-seulement les clauses dérogatoires, mais la convention elle-même.

VI. Le jugement de séparation qui liquide par un de ses chefs les reprises de la femme, s'il a été soumis à la publicité voulue par la loi, peut être attaqué par la voie de la tierce opposition par les créanciers du mari : durant un an relativement au chef qui prononce la séparation, et durant trente ans à l'égard de la liquidation des reprises.

VII. L'action en nullité de la vente de l'immeuble dotal faite par la femme autorisée de son mari se prescrit, durant le mariage, à partir de la séparation de biens.

VIII. La femme séparée, recevant des deniers dotaux, n'est pas tenue d'en faire emploi, sous la responsabilité des débiteurs qui se libèrent entre ses mains, lorsque cette obligation n'est pas écrite dans le contrat de mariage, soit d'une manière générale, soit à l'égard du mari seulement.

II. — Droit commercial.

I. La demande en séparation de biens de la femme dont le mari a été déclaré en faillite doit être intentée contre les syndics, sauf au failli à demander à intervenir s'il y a intérêt.

II. La déclaration de faillite ne donne pas naissance, *ipso facto*, à la séparation de biens ; un jugement doit la prononcer.

III. — DROIT INTERNATIONAL.

I. La femme française qui épouse un étranger ne
peut pas réserver sa nationalité.

Mais la femme dont le mari français se fait natu-
raliser en pays étranger ne suit pas nécessairement
la nationalité de ce dernier.

II. La femme étrangère peut avoir hypothèque
légale sur les biens de son mari situés en France.

IV. — HISTOIRE DU DROIT FRANÇAIS.

I. Dans le dernier état de l'ancien droit français,
la femme séparée avait le droit d'accepter la communauté.

II. Depuis la fin du seizième siècle, la jurisprudence constante des parlements et le texte formel
de bien des coutumes proscrivaient les séparations
volontaires.

V. — DROIT CRIMINEL.

I. Le fait de donner la mort à une personne sur

son ordre est un meurtre et doit être poursuivi comme tel.

II. L'homicide commis dans un duel est un meurtre ou un assassinat, suivant les circonstances; il tombe donc sous l'application des art. 306 et 302 du Code pénal.

Vu par le président de la thèse,
A. PELLAT.

Vu par le doyen,
COLMET-DAAGE,

Vu et permis d'imprimer,
Le Vice-Recteur de l'Académie,
A. MOURIER.

PARIS, IMPRIMÉ CHEZ JULES BONAVENTURE,
55, QUAI DES GRANDS-AUGUSTINS.

PARIS. — IMPRIMÉ CHEZ JULES BONAVENTURE,
QUAI DES GRANDS-AUGUSTINS, 55.

Contraste insuffisant

NF Z 43-120-14

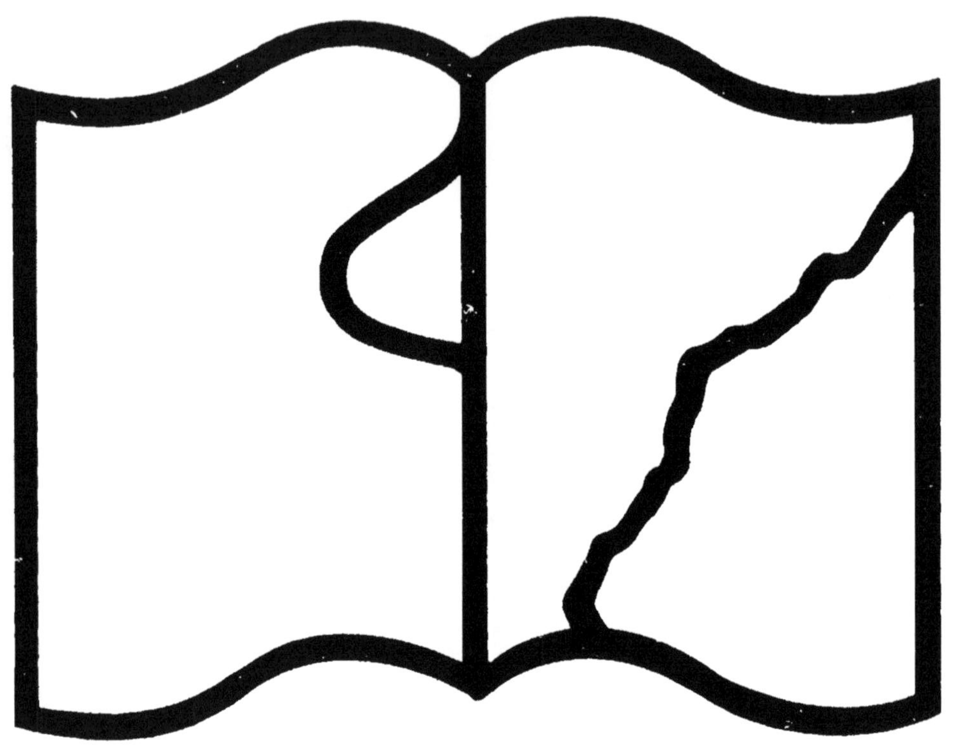

Texte détérioré — reliure défectueuse

NF Z 43-120-11

www.ingramcontent.com/pod-product-compliance
Ingram Content Group UK Ltd.
Pitfield, Milton Keynes, MK11 3LW, UK
UKHW020206130726
13696UKWH00002B/755